3rd Edition

特殊教育

Educating Exceptional Children

作者——**黃志成·王麗美·高嘉慧**

序 言

　　二十年前——彷彿昨日，自美修完「特殊教育」課程回國，一直在大學部、教育及社會單位的訓練機構，以至於後來的研究所任教「特殊教育」課程。此期間，不斷的收集資料，而後終於有將之編輯成書的打算，以讓學生獲得更有組織的概念，加上揚智文化公司葉總經理忠賢的邀約，遂更具體的開始寫作，經過兩年的努力，加上王麗美老師、高嘉慧老師的協助，終於完稿。

　　本書共分十三章，依目前特殊教育法第三條、第四條的分類分別介紹，第一章緒論，第二章資賦優異兒童，第三章智能障礙兒童，第四章視覺障礙兒童，第五章聽覺障礙兒童，第六章語言障礙兒童，第七章肢體障礙兒童，第八章身體病弱兒童，第九章嚴重情緒障礙兒童，第十章學習障礙兒童，第十一章自閉症兒童，第十二章發展遲緩幼兒，第十三章多重障礙兒童。其中第三章、第五章由王麗美老師執筆，第九章、第十二章由高嘉慧老師執筆，其餘九章由本人撰寫。此外，為讓讀者更能了解「個別化教育計畫」（I.E.P.），特別在附錄一作了一個簡單的範例介紹；另外，特別在最後附了七個法規，以供讀者參考。

　　本書撰寫過程雖一再力求嚴謹，但由於諸多因素仍有許多未盡合理之論點及疏漏之處，企盼國內專家學者、讀者提出指正，以為將來修訂之參考，則感幸甚。

黃志成　謹識

於文化大學社會福利學系

民國九十七年二月

目　錄

表目錄

圖目錄

第一章

緒論

一、發展特殊教育的基本觀念

　　資賦優異及身心障礙兒童的就學服務即目前在教育上所謂的「特殊教育」（special education），從西洋教育史來看，正式學校教育已經有二千年以上的歷史，但是特殊教育的發展卻只不過是近兩百年的事（林寶山，民82）。而在我國辦理特殊教育，可追溯至民國前42年（清同治9年，西元1870年），英國長老會牧師William Movre首先在北京城內甘雨胡同基督教會內附設瞽目書院，專收盲童，教以讀書、算術、音樂等科為開始；在台灣則於民國前22年由英國長老會William Gambel宣教師創辦盲聾學校，為國立台南啓聰學校的前身。特殊教育之所以逐漸發展，與下列幾個基本觀念有關：

（一）孔子的教育思想

　　早在二千多年前，孔子就提出「有教無類，因材施教」的觀念，亦即對各類特殊兒童，均可按其資質、潛能予以教育。孔子對於門人問禮、問孝、問仁均能針對個別門人的特質，給予不同的答案，此即因材施教之意。

（二）人與動物之不同

　　雖然達爾文（Darwin Charles, 1809-1882）在進化論（Darwinism）提出「物競天擇、優勝劣敗、適者生存」，但此與動物之進化較為相近。人有人性，能濟弱扶傾，故身心障礙兒童應予照顧、教育，這是人性的發揮。

（三）國父思想的兩種觀念

國父的思想至少有兩種觀念與特殊教育有關：

1. 苟善盡教養之道，則天無枉生之才：此點告訴我們對身心障礙兒童（如智能障礙），若能予以教育，則其潛能必能獲得發展的機會。

2. 聰明才智愈大者，當盡其能力，以服千萬人之務，造千萬人之福。至於聰明才智全無者，亦當盡其能力，以服一人之務，造一人之福：此點即說明了給予能力很強的資賦優異兒童教育之後，將來可以服務很多人；至於給予能力較有限的身心障礙學生教育之後，身心障礙學生可以自立更生，不需依賴家人或社會。

（四）教育機會均等

教育機會均等（education for all）源自於西方的民主觀念，認為人有天生的不平等（如智能障礙、肢體障礙、視覺障礙、聽覺障礙等）、社會的不平等（如貧窮）、教育的不平等（每個人受教育的機會不平等）。因此，在民主時代，就應先做到教育機會均等，這才是真平等，讓每一個人的潛能得以發揮。

（五）民主政治

隨著中西各國民主政治的發展，人權愈來愈受保障，身心障礙兒童的權利亦是受保障的範圍，而教育權亦沒有被忽視，是故中外各國對特殊教育均愈來愈重視。

（六）經濟高度發展

特殊教育要能落實與發展，經濟是重要的指標，因為小班制教學、昂貴的設備、特殊學生的就學補助費用等，都需要龐大的費用，一般而言，每一位特殊學生的單位教育成本是一般學生的幾倍。如果國家的經濟沒有高度的發展，是無法支付此一經費的。

（七）卓越的學術發展

教育是一門專業，特殊教育更是教育中的專業。因此，在一個國家裡如果沒有卓越的學術發展，將無法對特殊教育作廣泛性的研究，特殊教育的品質將是低落的，所以卓越的學術發展可帶動特殊教育的發展。

二、個別差異

（一）定義

所謂個別差異（individual difference）是指兒童在某些方面和其他兒童有別，例如智力、情緒、社會行為、人格、感覺與知覺系統、身體狀況等。此外，兒童本身的特質，在發展上也並非齊一的水準，也有特質上的差異，例如一位五歲的幼兒，具有五歲幼兒的語言能力，但其社會技能只有四歲的水準。

（二）種類

個別內差異

個別內差異（intraindividual difference）是指兒童在本身身心特質發展上的差異性，如**圖1-1**所示，兩位六歲兒童在本身的特質均有明顯的差異。亦即生理年齡是六歲，但其身高、體重、粗動作、細動作、智能、語言、社會、認知的年齡水準是不一樣的。

個別間差異

個別間差異（interindividual difference）是指兒童與兒童間的身心特質有所不同，如**圖1-1**所示，兩位六歲兒童的各項特質相比較，有明顯不一樣。

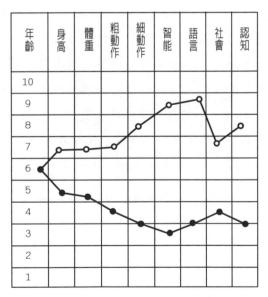

圖1-1　兩位六歲兒童的身心特質剖面圖

動物學校

　　森林裡新成立了一所動物學校，在各種課程中，決定以「跑」、「跳」、「飛」、「游」為全校共同基本必修科目。開學以後，所有同學正式選課，進行各科的學習。學期終了，進行評鑑。

　　期初兔子跑得很快，跳得表現也很好，讓烏龜好羨慕。可是在一次飛行課程中，摔斷了兩條腿。期末考時，不但「飛」和「游」的課程不及格，連最拿手的跑和跳課程，最後都只拿到勉強及格的分數。

　　鴨子的游泳技術是一流的，跑、跳就不行了，不過在一次飛行課程中，折斷了翅膀，至此以後，游泳技術大不如前，其他各科也只能「低空飛過」。

　　麻雀飛的能力超強，讓兔子和鴨子好生羨慕，跳的技術也不錯，跑步也還可以。可是游泳就不行了，只好找鴨子惡補，不過有一次癲癇發作，急救不當，缺氧過久，至此以後變成了「智能障礙」兒童，只好轉入啟智班就學。

　　學期末了，羚羊在跑、跳兩科表現優異，在「飛」和「游」的課程雖然不佳，但因沒有重大過失，得了第一名。

　　由上述的童話故事，我們可以了解到對所有學生施予相同的教材、相同的教法是不對的。在教育上應考慮學生的個別差異，因材施教，如此才能使學生獲得最大的利益。

三、特殊兒童

（一）定義

　　所謂特殊兒童（exceptional children）是指兒童在身心特質顯著地低於或高於常模（norm）或平均表現水準，需要提供特殊教育方案及其他相關服務才能符合這些兒童的需要，發揮個人的學習潛能（徐享良，民89）。

（二）種類

　　依照我國特殊教育法的規定，可分為身心障礙與資賦優異兩大類，其中身心障礙又分為：智能障礙、視覺障礙、聽覺障礙、語言障礙、肢體障礙、身體病弱、嚴重情緒障礙、學習障礙、多重障礙、自閉症、發展遲緩、其他顯著障礙共十二類；資賦優異則包括：一般智能、學術性向、藝術才能、創造能力、領導才能、其他特殊才能共六類（特殊教育法第三、第四條）。

四、出現率

　　所謂特殊兒童出現率（prevalence rate）是指某一年度，特殊兒童在某一年齡層的人口中所占的百分比（徐享良，民89）。計算公式如下：

出現率＝特殊兒童／全體兒童×100%

上述之特殊兒童係指經鑑定後，合於某一標準者，計算出現率通常是在特定的時間及某一年齡層。在過去我國已做過兩次全國性特殊兒童普查，第一次在民國65年完成，普查結果如**表**1-1所示。

本次普查年齡層為六至十二歲之兒童，普查項目只有**表**1-1所示六項，故出現率偏低。根據郭為藩（民82）的推估，特殊兒童的出現率為10.73%。

第二次全國特殊兒童普查在民國79至81年，且於民國81年完成，年齡範圍擴大到六至十四歲，一共九個年齡層，結果如**表**1-2所示。

此外，根據教育部（民96）出版的《特殊教育統計年報》顯示，我國在學前教育、國小和國中階段特殊兒童的人數，如**表**1-3所示。

表1-1　我國第一次全國特殊兒童普查結果

障礙狀況	人數	出現率 %
智能不足者	12,034	0.433
視覺障礙者	986	0.036
聽覺障礙者	2,154	0.078
肢體障礙者	9,317	0.336
身體病弱者	1,185	0.043
多重障礙者	5,374	0.194
總　　計	31,053	1.12

資料來源：郭為藩，民82。

表1-2 我國第二次特殊兒童普查各類身心障礙兒童人數及出現率

類　　別	普查所得人數	占身心障礙兒童百分比	占學齡兒童母群體百分比
智 能 障 礙	31,440	41.61	0.883
學 習 障 礙	15,512	20.53	0.436
多 重 障 礙	7,315	9.68	0.205
性格或行為異常	7,089	9.38	0.199
肢 體 障 礙	3,456	4.57	0.097
語 言 障 礙	2,916	3.86	0.082
聽 覺 障 礙	2,876	3.81	0.081
身 體 病 弱	2,111	2.76	0.059
視 覺 障 礙	1,931	2.56	0.054
自 閉 症	598	0.79	0.017
顏 面 傷 殘	318	0.42	0.009
合 計	75,562	100.00	2.121

資料來源：教育部特殊兒童普查執行小組，民82。

註：七十九學年度6-14歲全國學齡兒童母群體人數為3,561,729人。

表1-3 高級中等以下學校各教育階段特殊教育學生人數統計

單位：人

	特教類別	學前	國民小學	國民中學	高中職	百分比	總計
身心障礙類	智能障礙	1513	12395	7728	6659	32.9%	28295
	視覺障礙	131	679	440	449	2.0%	1699
	聽覺障礙	465	1459	909	1069	4.5%	3902
	語言障礙	750	1172	167	140	2.6%	2229
	肢體障礙	768	2741	1489	1358	7.4%	6356
	身體病弱	383	1603	962	600	4.1%	3548
	嚴重情緒障礙	60	1366	494	367	2.7%	2287
	學習障礙	20	7339	5846	3945	20.0%	17150
	多重障礙	1295	4333	2078	1310	10.5%	9016
	自閉症	1089	2886	930	534	6.3%	5439
	發展遲緩	3060	0	0	0	3.6%	3060
	其他顯著障礙	326	1539	697	404	3.5%	2966
	合計	9860	37512	21740	16835	100%	85947
資賦優異類	一般智能	0	5916	4892	1416	24.0%	12224
	學術性向	0	199	5443	3473	17.9%	9115
	藝術才能	0	10869	10966	4164	51.1%	25999
	其他特殊才能	0	556	936	2029	6.9%	3521
	合計	0	17540	22237	11082	100%	50859
總計		9860	55052	43977	27917	100%	136806

資料來源：教育部，民96。

五、特殊教育

所謂特殊教育即是以各類特殊兒童爲對象的一種教育措施，其目的是在適應各類特殊兒童的個別差異特性，滿足他們的獨特需要，充分啓發他們的潛能，以實現全民受教育機會均等的理想（林寶山，民82）。其目的分述如下：

（一）滿足特殊兒童的特殊需要

例如，視障兒童需要學習點字、弱視兒童需要放大鏡、聽障兒童需要助聽器。

（二）消除或減輕障礙

例如，聽障兒童聽不清楚，給他戴上助聽器後，也許就可以聽得清楚了。

（三）啓發潛能

這些有障礙的兒童生來多多少少都有一些能力，若能給予適當的教育，其潛能得以發揮。例如，智能障礙的兒童如果給予好好的教育，在將來仍可貢獻一己之力，服務社會。

（四）教育機會均等

依憲法規定「受教育爲國民之應盡義務亦爲應享之權利」，既然一般人有接受教育之權利，則特殊兒童亦有受教育之權利。

（五）回歸常態環境

　　特殊教育絕對不是要將特殊兒童集合在一個封閉的環境（如專屬的學校、專屬的班級），而是希望在經過教育之後，讓學生能夠回歸常態的學習及生活環境。

六、特殊教育的安置

　　特殊教育的安置即將特殊兒童安插在最合適的地方學習，按學生人數、學習環境以及障礙程度，如**圖**1-2所示（參考 Hallahan & Kauffman, 1997）。

　　依**圖**1-2所示，特殊兒童安置在普通班者最多，普通班的學習環境限制最少，障礙程度為輕度者安排在普通班較合適；特殊兒童安置在特殊學校人數最少，特殊學校的學習環境限制最大，障礙程度為重度者安排在特殊學校就學較合適。

　　以下針對國內目前對特殊兒童的安置方式做說明：

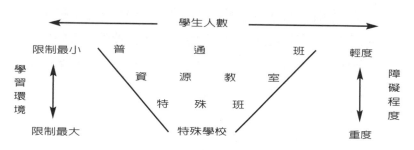

圖1-2　特殊教育統合程度架構圖

（一）特殊學校

即把特殊兒童安置到一個專屬的學校。例如台北市立啓聰學校、台北市立啓明學校、台北市立啓智學校、高雄市立啓智學校、私立惠明學校（台中縣）、私立啓英學校（高雄市）。新式的特殊學校採不分類的方式，如高雄市立楠梓特殊學校、台北市立文山特殊學校、國立宜蘭特殊教育學校，收容學生可以是智能障礙、視覺障礙、聽覺障礙和多重障礙等。

依學生住宿或通勤的情形分類

依特殊學校學生住宿或通勤的情形可分爲三類：

1.通學制：顧名思義是指全部學生都是以通勤的方式來上學。
2.住宿制：顧名思義是指全部學生皆住在學校的宿舍。
3.混合制：是指一部分學生住宿，一部分學生通勤。一般而言，是指遠到者住校，近校者通學。

特殊學校的優點

1.可網羅專業師資及復健人員：就證照制度而言，目前在國內的小學或中學，特殊教育的老師要比普通班的老師更專業。例如一般學校老師只需修完教育學分，即可擔任普通班老師，但是特殊班的老師還必須加修特殊教育學分，才能擔任特殊班老師。至於復健人員包括語言治療師、物理治療師及心理諮商專業教師等。語言治療師可幫助智能障礙、腦性麻痺或語言障礙的兒童做復健；物理治療師可幫助肢體障礙或發展遲緩的兒童做復健；心理諮商專業教師

可幫助心理有問題的兒童做心理輔導。

2.可有較符合需要的設備：各類特殊兒童皆有學習上的特殊需要，因此，我們必須為他們準備他們所需的設備。例如在啟明學校有盲用電腦；啟聰學校有聽力檢查儀器、團體助聽器。

3.可有合適的教材設計：因為特殊兒童在學習上有特殊需要，所以老師們編教材時就應該滿足他們的需要。例如以智能有障礙的小朋友來講，一般的小學課本並不適合他們，所以國小啟智教育常常就由啟智班的老師再額外幫他們設計教材，以滿足他們的需要。

4.提供清寒學生良好的居住及學習環境：根據實務上的調查，身心障礙的兒童很多都是來自清寒家庭，例如依王麗美（民81）的調查，台北縣市國中聽障學生有75.3％來自低社經地位家庭，他們在家中居住環境及經濟狀況都比較差，如果這些兒童能住到學校來，特殊學校良好的設備就可幫助他們解決一部分在學習上的障礙。

5.適合嚴重障礙的兒童：如**圖**1-2所示，障礙愈嚴重的兒童就讓他住到特殊學校的宿舍內，輕度障礙的兒童在學習上的特殊需要和一般小朋友比較，差別較小。例如輕度聽障的兒童只是聽不清楚，上課時只需要坐到前面來或戴上助聽器，就可以聽得見。至於全聾的兒童，即使戴上助聽器可能也聽不見，所以到特殊學校上課較合適。

6.班級人數少：因為班級學生人數少，所以老師就可以照顧到每一位學生的特殊需求。

特殊學校的缺點

1. **違反回歸主流的原則**：所有的兒童將來長大後都是要回歸到正常的社會中，如果這些有障礙的兒童從小就在特殊學校就讀，那他們就少有機會和一般小朋友接觸，所以將來當他們回到正常的社會後，就較可能產生適應上的困難。

2. **易給兒童做標籤**：社會上某些見解不正確的人會給這些有障礙的兒童做標記（labeling），特殊兒童本身也會自我標記，而這些標記不但會跟著他們一輩子，更會深深地烙印在他們的心上，終而產生負面的影響。

3. **受通學條件之限制**：特殊學校無法普遍設立，許多兒童仍需遠道前來上課，十分不便。

4. **剝奪兒童的家庭生活經驗**：在兒童的成長過程中，正常的家庭生活是不可或缺的，就精神分析論的觀點，如果家庭生活欠缺時可能會嚴重影響兒童一生的發展。

5. **設置需大量的財力、物力及人力的投入**：特殊學校的硬體設施及軟體設施皆很昂貴，而且亦需要很多的人力，這也是特殊學校無法普遍設立的因素。

6. **覓地不易**：一般人都不希望身心障礙的學校在家附近，因為可能會影響房地產，使房價下跌，所以這也是造成特殊學校無法普遍設立的另一個原因。

（二）特殊班

特殊班是設在普通學校內，例如每一年級附設一特殊班，可區分為二種情況：

1. **自足制**：特殊班的老師擔任全班所有的課程。

2.合作制：亦稱「部分時間的特殊班」。這些兒童部分時間在特殊班上課，部分時間在普通班上課。例如上智育方面的課程（如國語、數學等）就在特殊班上課，上美育方面的課程（如音樂、美術等）時，就在普通班上課。合作制的優點是回歸主流，較有機會和一般的兒童做交流。

（三）資源班（resource room）

即特殊兒童大部分時間在普通班上課，少部分時間在資源教室上課（通常是一週數節課，按學生需要及教師人數而定）。在資源教室內有資源老師做特別輔導，通常是輔導在普通班上課時較弱的部分。例如智能障礙的兒童早上在普通班所上的數學不太懂或國字不會寫，下午就可到資源教室由資源老師做個別或小組的輔導。或是視障的兒童除在普通班上課外，亦可到資源教室學習點字；而聽障的兒童除在普通班上課外，亦可到資源教室學習手語、讀唇或說話。

資源班老師的呼籲

1.資源班是一個給予小朋友適當幫助的地方，不是「白癡班」、不是「資優班」，當然也不是「過動班」、「自閉班」或「資源回收班」！

2.資源班的孩子可不是一無是處喔！我們的孩子中，有頭腦一等一的，有功課一等一的，有體育一等一的，也有美勞一等一的，可別輕易就把他們看扁啦！

3.資源班就像個和樂融融的大家庭，每位老師都非常疼愛、看重這些小寶貝。所以，我們也非常期望校內的每位老師、同學，甚至是家長們，也能幫助我們一起來疼愛他們。他們做不好的地方，請大家多指教；他們表現很棒的時候，也請大家不吝嗇地多給他們一些掌聲喔！

資料來源：台北市士林國小資源班教師黃淑貞，民91。

（四）普通班

普通班顧名思義就是混合就讀，也就是特殊兒童與一般兒童在同一班級中上課。現行的特殊兒童大部分在普通班上課，其原因有可能是回歸主流的表現，亦有可能是因為特殊班、特殊學校不夠普遍，所以這些兒童才不得已到普通班上課。現就普通班的優缺點分述如下：

普通班的優點

1.回歸主流：可以從小和一般的小朋友做交流。
2.無經費、員額、地理條件之限制：普通班較不需要特別的預算，普通班老師的編制比特殊班的老師少，而且有些居民也不希望住家附近有身心障礙的特殊學校，假使有障礙的兒童在普通班上課，即可避免以上的情況。

普通班的缺點

1.無法滿足特殊需要：因為特殊兒童融入普通班上課，所以在課程、教材、教法上就無法做到特殊的設計。

2. **無法延聘特教老師**：因為特殊兒童在普通班上課，所以學校亦只能提供普通老師，無法延聘特教老師。

3. **巡迴教育有時間限制**：所謂「巡迴教育」，即是指特殊兒童在普通班上課，教育單位通常會派巡迴老師來指導他，但是此巡迴老師的編制可能是在教育局（或借調），所以變成輪流去指導小朋友，因此會演變成點到為止，其幫助較有限。

（五）床邊教學

所謂床邊教學即在醫院成立特殊班或個別指導特殊學生，此種教學對象以罹患慢性病（如心臟病、腎臟病、肝病、肺病）者為主，或其他身心障礙兒童（如肢體障礙）需要在醫院作長期復健者，此種教學以醫療為主，教育、學習為輔，但可隨時彈性調整，教導的方式可有老師面授、電視錄影帶、廣播、電腦、網際網路等，其優點在於：

1. 讓特殊學生的課業不至於荒廢太多。
2. 能注意個別需要，因材施教。

在缺點方面則為：

1. 違反回歸主流，降低社會適應能力。
2. 剝奪家庭及學校生活經驗。
3. 醫生、護士、老師、家長、學童之配合較困難。

（六）教育體制外機構

我國特殊教育法第十六條規定：「……少年監獄、少年輔

育院、社會福利機構及醫療機構附設特殊教育班，應報請當地主管教育行政機關核准後辦理。」此為教育體制外機構辦理特殊教育的法源依據，目前在台灣無論是公私立養護機構，有不少單位設有特殊班，如台北市私立第一兒童發展中心等，養護機構特殊班的老師通常由鄰近的學校派老師支援，學生之學籍也附設在鄰近學校，就讀對象通常以中重度障礙學生為主。養護機構特殊班的優點在於：

1.免於學生通學之不便。
2.可配合養護機構的設備、設施教學。
3.機構可支援一部分的人力，包括行政人員、復健人員，而保育員也可當助理教師，協助教學。
4.提高身心障礙學生的就學率。

其缺點則為：

1.違反回歸主流的原則，減損其社會適應能力。
2.剝奪家庭及學校生活經驗。

依我國在民國79至81年第二次全國特殊兒童普查資料顯示，身心障礙兒童安置在教養機構者占2.3％（吳武典，民87）。

（七）在家教育

我國自民國76年開始試辦「在家自行教育」計畫，學生對象以重度或極重度身心障礙兒童為主，在各縣市政府教育局或學校設輔導員，每週提供一至二次到家輔導的服務，輔導的內容可為知識的傳授、心理輔導、行為矯正，甚至對家長作親職教育。輔導的方式除巡迴老師前往面授外，還可利用函授、電視、廣播等

教學活動。此種教育方式的缺點則為（吳武典，民78）：

1. 家長認為此種點狀的輔導方式於事無補，甚至為干擾。
2. 巡迴輔導員之定位問題，缺乏法令依據。
3. 輔導員常感心有餘而力不足，對兒童沒有實質的幫助。
4. 缺乏適當的教材可資應用。
5. 部分家長缺乏正確的輔導及教養觀念，常讓這些身心障礙者飽食而已。

此外，蔣興傑（民85）調查九百六十七位登記有案的「在家自行教育」學生家長之意見，比較重要的建議如下：

1. 「在家自行教育」之名稱宜改為「在家教育」，以符事實，避免誤解。
2. 有些縣市無巡迴服務，故應落實「巡迴輔導」制度。
3. 主管教育行政單位，應透過學校單位或各種宣傳管道，讓家長充分了解本制度之意義、可享之權益、對「教育代金」之認知及符合條件者均能申請。
4. 應多舉辦「在家自行教育」教師之短期訓練。
5. 結合教養機構保育員共同進行「巡迴輔導」，社工人員定時家訪。
6. 修訂申請教育代金之年齡限制，即超齡（十五歲）之學生只要申請總年資不超過九年（國民義務教育年限），亦得申請。
7. 改善學校之「無障礙環境」，於各區域之中心學校成立重度特殊班並提供交通接送服務，獎勵教養機構增設重度特殊班，增加「在家自行教育」學生之就學管道。

8.舉辦「在家自行教育」學生媽媽成長營或各種親職講習。

目前「在家自行教育」已改為「在家教育」，可避免被誤以為家長在家自行教育身心障礙子女。依我國在民國79年至81年第二次全國特殊兒童普查資料顯示，我國身心障礙兒童在家教育者占全體身心障礙兒童的0.79%（吳武典，民87）。

七、特殊教育的發展趨勢

特殊教育的發展趨勢說明如下：

（一）對特殊兒童不加分類

不加分類的作法，主要在揚棄傳統醫學本位的身心障礙標記，而注意特殊兒童功能上的損傷（functional impairment），以提供適合其需要的協助，此為目前世界各先進國家的趨勢（何華國，民88）。

（二）重視身心障礙兒童教育權益之保障

透過立法，保障身心障礙兒童教育的權益，以美國的94-142公法為例，即訂出：美國政府應為該國身心障礙兒童，提供免費而適當的教育，將學生安置在最少限制的環境，並訂定個別化教育方案（Individualized Educational Program, I.E.P.），以作為提供服務設施的依據，所謂個別化教育方案是指家長與學校間的協議書，雙方協商如何做，最能符合特殊兒童的學習需要，I.E.P.是特教老師重要的工作之一，內容明確指出教師要如

何教導，以符合個別學生學習能力的需要，此方案之研擬需家長或監護人之參與和同意（I.E.P之範例，請參考本書附錄一）。爾後，為對身心障礙的學齡前嬰幼兒及其家庭，提供進一步的服務，特別提出個別化家庭服務計畫（Individualized Family Service Plan, I.F.S.P.），此一計畫乃透過特殊教育老師等相關人員，與家長共同協商，擬定各種協助嬰幼兒及其家庭發展的各種方案，以利其成長。此外，為確保所提供教育的適當性，更對教育的過程規定種種的保護措施。

（三）重視學前教育

目前美國94-142公法即規定各州如欲得到聯邦政府的經費補助，即須對三到二十一歲的身心障礙者提供免費而適當的教育。我國特殊教育法（民國93年6月修正公布）第七條規定特殊教育實施階段時，亦指出「學前教育階段，在醫院、家庭、幼稚園、托兒所、特殊幼稚園（班）、特殊教育學校幼稚部或其他適當場所實施」。台北市公立幼稚園也自87學年度起，全面實施融合教育（inclusive education），輕度身心障礙幼兒優先入園的計畫，凡此均表示學前教育對特殊幼兒之重視。

（四）家長參與

家長參與，至少可有下列幾個意義：

1. 學習教學：家長在學校參與的過程中，可以學習老師如何教導特殊的孩子，回家後再予指導。
2. 組成家長團體：組成家長團體互相傾訴心聲，互相傳遞經驗，或團結一致，為特殊兒童爭取權益。

3.參與決策：對老師的教學方案，參與決策，讓方案更易落實，有利於特殊兒童的學習。

此外，依特殊教育法的規定，家長還可參加下列之工作：

1.參與直轄市及縣（市）主管教育行政機關所設之「特殊教育鑑定及就學輔導委員會」。（第十二條）
2.參加學校家長會（至少保障特殊教育學生家長一人為家長會委員）。（第二十六條）
3.參與學校身心障礙學生擬定之「個別化教育計畫」。（第二十七條）
4.參與各級主管教育行政機關之「特殊教育諮詢委員會」。（第三十一條）

（五）研發輔具與教具

科技的進步，對特殊教育產生莫大的貢獻，如團體助聽器的發明，讓啟聰學校（班）的學生受惠；盲用電腦的發明，使視覺障礙學生得以開拓更寬廣的教育內容。以腦性麻痺學生為例，電腦輔具的使用的確可以改善他們在鍵盤、滑鼠、電腦基本操作，以及基本軟體操作的困難（吳亭芳、陳明聰、邱崇懿、王華沛，民96）。

（六）職業導向

特殊學生將來終歸要獨立，立足於社會上，為此，是否擁有一技之長實為關鍵，是故特殊教育（尤其國中、高中職階段）就應職業導向，做好職前訓練，有利於就業。我國特殊教育法第二十二條亦規定，對身心障礙者應加強其身心復健及職業教育。

（七）融合教育

融合（inclusion）教育是目前國際思潮的主流，亦即是回歸主流的概念，也就是將特殊兒童回歸到普通班的「正常社會」學習。融合教育強調特殊兒童和普通兒童的相似性，主張他們在相同的環境接受教育；強調的是和諧性的融合，係指從接納→關懷→包容→互學對方優點→適當糾正彼此的缺點→融合，培養兒童健全人格，使其能力得以充分發展，日後得以各發揮所長，亦能相互扶持（鄭昭雄，民88）。此種教育方式的優點即讓特殊兒童及早與一般兒童接觸，學習社會化，但在普通班老師未受特殊教育專業訓練及班級人數太多的情況下，其教育品質堪憂。值得一提的是，並非每一位特殊兒童都適合接受融合教育，也並非每一位普通班老師都適合教導特殊兒童。實務上，特殊兒童被安置在普通班內，有許多運氣的成分在內，有的學生被安置在熱忱、細心、負責及專業的導師班上，受到包容與照顧，在快樂中學習與成長；也有的特殊兒童被安置在冷漠、忽視，甚至於排斥的級任導師班級中，其境遇是可想而知的。此外，在融合之時設備、無障礙環境等均需有配套措施，否則特殊兒童仍然無法接受品質良好的教育。依蔡美芸（民90）的建議，融合教育的實施重點如下：

1. 擴展特殊兒童的人際關係，發揮班上同儕力量協助。
2. 培訓小老師幫忙生活適應與學習輔導。
3. 教師的輔導工作處處可做，時時可做，並簡單記錄以便資料填報。
4. 運用資源，尋求班親會義工的協助。

（八）發展適應體育

　　適應體育又稱為特殊體育。對身體機能有障礙的學生而言，體育會因學生生理上的缺陷，使學生的運動技能發展受限，更導致學生缺乏信心及參與運動的意願，也降低學習動機。為此，教育部已於民國88年公布「適應體育教學中程發展計畫」，在各級學校加強改進適應體育教學，讓身心障礙學生也能享有和普通班學生一起上體育課的權益，獲得發展各種身體機能的機會。發展適應體育的內涵包括：

1. 成立適應體育教材教具研究、編輯、製作發展小組。
2. 辦理融合式體育教學方式研習會，提升各級學校教師相關知能。
3. 建立適應體育教學輔導網路，訂定學校適應體育教學輔導要點，作為實施輔導工作的依據，並進行訪視評鑑工作。
4. 研辦身心障礙學生動作和運動體能檢測。
5. 逐年補助學校整建適應體育的場地設備。

（九）個別化轉銜計畫

　　所謂個別化轉銜計畫（Individualized Transition Program, I.T.P.）係指執行一項讓身心障礙學生離開現在的學習環境，做好準備進入上一級學校或就業的計畫，包括各種適當的介入與提供的訓練，可協助學生從學校進入上一級學校或職業生活的適應。

參考書目

王麗美（民81）。〈國中聽障學生福利需求之研究〉。中國文化大學兒童福利研究所碩士論文。

何華國（民88）。《特殊兒童心理與教育》。台北市：五南圖書公司。

吳武典（民78）。〈智障與多重障礙者之就學問題〉。載於《78年全國殘障福利會議及多障福利組手冊》，頁37。

吳武典（民87）。〈特殊教育行政問題與對策〉。《特殊教育季刊》，期68，頁1-12。

吳亭芳、陳明聰、邱崇懿、王華沛（民96）。〈國小腦性麻痺學生電腦使用現況及相關輔具需求調查〉。《特殊教育季刊》，期105，頁42-48。

林寶山（民82）。《特殊教育導論》。台北市：五南圖書公司。

徐享良（民89）。〈第一章緒論〉。載於王文科主編，《特殊教育導論》。台北市：心理出版社。

郭為藩（民82）。《特殊兒童心理與教育》。台北市：文景書局。

教育部（民96）。《96年度特殊教育統計年報》。

教育部特殊兒童普查執行小組（民82）。《中華民國第二次特殊兒童普查報告》。教育部教育研究委員會印行。

黃淑貞（民91）。〈資源班的二三事〉。載於《台北市士林國小家長會訊創刊號》。民國91年6月1日。

鄭昭雄（民88）。〈源、緣、圓──融合教育在台灣省立彰化啓

智學校〉。《特殊教育季刊》，期70，頁21-25。

蔣興傑（民85）。〈「在家自行教育」學生之家長對其身心障礙子女教育之意見調查研究〉。民國85年5月30-31日特殊教育研討會。國立台灣師範大學特殊教育系承辦。

蔡美芸（民90）。〈特殊生回歸普通班需教師更多關懷〉。《國語日報》。民國90年4月3日，13版。

Hallahan, D. P. & Kauffman, J. M. (1997). *Exceptional children: Introduction to special education* (7th ed.) W. J.: Prentice-Hall.

第二章

資賦優異兒童

一、定義及種類

根據特殊教育法第四條的規定，資賦優異兒童分為一般智能優異、學術性向優異、藝術才能優異、創造能力優異、領導才能優異及其他特殊才能優異六類。依身心障礙及資賦優異學生鑑定標準（教育部，民95）說明如下：

（一）一般智能優異

指在記憶、理解、分析、綜合、推理、評鑑等方面，較同年齡具有卓越潛能或傑出表現者；其經鑑定後應符合下列各款規定之標準：

1. 個別智力測驗評量結果在平均數正二個標準差或百分等級九十七以上。
2. 經專家學者、指導教師或家長觀察推薦，並檢附學習特質與表現卓越或傑出等之具體資料。

上述所提「個別智力測驗評量結果在平均數正二個標準差或百分等級九十七以上」僅係條件之一而已，真正參加甄選時，還要參考其他資料（參考本章五、鑑定程序）。智商與百分等級的觀念及關係請參考圖2-1。

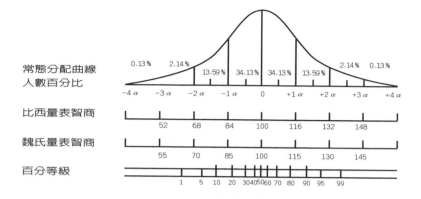

圖2-1　常態分配圖

（二）學術性向優異

　　指在語文、數學、社會科學或自然科學等學術領域，較同年齡具有卓越潛能或傑出表現者；其經鑑定後應符合下列各款規定標準之一：

1. 前述任一領域學術性向或成就測驗得分在平均數正二個標準差或百分等級九十七以上，並經專家學者、指導教師或家長觀察推薦，及檢附專長學科學習特質與表現卓越或傑出等之具體資料。
2. 參加政府機關或學術研究機構舉辦之國際性或全國性有關學科競賽或展覽活動表現特別優異，獲前三等獎項。
3. 參加學術研究單位長期輔導之有關學科研習活動，成就特別優異，經主辦單位推薦。
4. 獨立研究成果優異並刊載於學術性刊物，經專家學者或指導教師推薦，並檢附具體資料。

(三)藝術才能優異

指在視覺或表演藝術方面具有卓越潛能或傑出表現者；其經鑑定後應符合下列各款規定標準之一：

1. 前述任一領域藝術性向測驗得分在平均數正二個標準差或百分等級九十七以上，或術科測驗表現優異，並經專家學者、指導教師或家長觀察推薦，及檢附藝術才能特質與表現卓越或傑出等之具體資料。
2. 參加政府機關或學術研究機構舉辦之國際性或全國性各該類科競賽表現特別優異，獲前三等獎項。

(四)創造能力優異

指運用心智能力產生創新及建設性之作品、發明或解決問題者；其經鑑定後應符合下列各款規定標準之一：

1. 創造能力測驗或創造性特質量表得分在平均數正二個標準差或百分等級九十七以上，並經專家學者、指導教師或家長觀察推薦，及檢附創造才能特質與表現卓越或傑出等之具體資料。
2. 參加政府機關或學術研究機構舉辦之國際性或全國性創造發明競賽表現特別優異，獲前三等獎項。

(五)創造能力優異

指具有優異之計畫、組織、溝通、協調、預測、決策、評鑑等能力，而在處理團體事務上有傑出表現者；其經鑑定後應符合下列各款規定之標準：

1.領導才能測驗或領導特質量表得分在平均數正二個標準差或百分等級九十七以上。
2.經專家學者、指導教師、家長或同儕觀察推薦,並檢附領導才能特質與表現傑出等之具體資料。

（六）其他特殊才能優異

指在肢體動作、工具運用、電腦、棋藝、牌藝等能力具有卓越潛能或傑出表現者；其經鑑定後應符合下列各款規定之標準:

1.參加政府機關或學術研究機構舉辦之國際性或全國性技藝競賽表現特別優異,獲前三等獎項。
2.經專家學者、指導教師或家長觀察推薦,並檢附專長才能特質與表現卓越或傑出等之具體資料。

二、出現率

有關資賦優異兒童的出現率,我國迄今沒有做過正式的調查,唯目前不論國內外的推估或研究,大都認同資賦優異兒童的出現率約為3%至5%（何華國,民88；謝建全,民88）。

三、可能形成的原因

（一）遺傳

　　龍生龍，鳳生鳳。聰明的父母所生的小孩應該也是聰明的。人類的智商，遺傳應爲一個最主要的影響因素。就生物法則而言，精、卵細胞中的基因會代代相傳。

（二）懷孕期

　　母親懷孕時應注意下列之情況，比較可能生出資優的下一代：

　　1.身體健康要良好。
　　2.由於胎兒發育期間所需營養均由母體提供，所以孕婦營養　要充足、均衡，以利胎兒成長、發育。
　　3.情緒要穩定、心情要愉快，如此內分泌正常有利胎兒成　長。
　　4.避免可能傷害胎兒的不利因素。

（三）後天環境

自然環境

　　山明水秀出人才、湘鄂多才子、地靈人傑，這些民間流傳之語言，均說明土地肥沃、物產豐富，居住在此的居民營養充足，才能造就健康聰明的下一代。像衣索匹亞、莫三比克等國

人民長期處在飢餓中，兒童活下去都有問題，如何能發展潛能呢？

社會環境

這是父母、保育員、教師可以努力的。嬰幼兒自出生後，他們的五官就已開始運作。即使在家中也要多讓嬰幼兒四處看看、摸一摸，用五官來感受事物，可促進智能發展。此外，良好的家庭教育、學校教育與社會教育，相信對兒童潛能的開發占有舉足輕重的地位。

四、身心特質

（一）在生理方面

1. 身高、體重、頭圍、胸圍及身體健康等的發育普遍優於一般兒童。
2. 動作發展，例如粗細動作、大小肌肉發展、感覺統合能力、身體平衡感普遍優於一般兒童。
3. 感覺能力，例如視覺、聽覺、味覺、嗅覺、觸覺等都優於普通兒童。

（二）在心理方面

情緒穩定

根據研究，資賦優異者的特質包括低焦慮、低沮喪（Coleman & Fults, 1982），情緒較穩定。

自信心強

由於資賦優異的兒童能力較強，常有成功的經驗，被鼓勵、讚美的機會多，所以造成較高的自信心。

記憶力強

在智力測驗中，資賦優異兒童的記憶廣度較強，能記憶較多位數的數字、字母或學習材料。此外，背誦材料的速度也比一般兒童快。

語言發展良好

資賦優異的兒童，開始學說話的時間較早，語言能力發展也較好，語言障礙率與一般同齡兒童比較，發現有較低的現象。

思考能力佳

資賦優異兒童較願意思考一些事情，或動腦筋解決一些問題。

興趣廣泛

根據推孟（Terman）的研究，資賦優異兒童興趣廣泛，尤其對於抽象方面的主題（如文學、歷史、數學等）更是如此（轉引自林寶貴譯，民78）。

學習動機強

資賦優異的兒童有較強的學習動機，對周遭事物探索性較強。

（三）在社會方面

人際關係好

由於智商高，故有較好的社會技巧，較能察言觀色，人際關係的應用較成熟。

喜歡與年齡較大的玩伴相處

由於智商高的兒童，其心理年齡的成熟度常高出自己的實足年齡，故日常生活傾向於喜歡與年齡較大的兒童一起玩。例如以一位實足年齡為六歲的兒童，若智商為一百五十時，其心理成熟度已達九歲（IQ＝心理年齡÷生理年齡×100），所以這位六歲兒童較傾向於和比自己年齡大的兒童一起玩，如此在玩的內容、思考模式可能較接近。

(四)身心障礙

不一定所有資賦優異學生都是身心健全，也就是說身心障礙學生也可能出現資優的特質，根據Karnes、Shaunessy與Bisland（2004）研究發現，自閉症者有3.30％為資優、語言缺損者有1.50％資優、肢體障礙者有1.40％為資優、腦部創傷者有2.20％為資優、聽覺障礙者有2.00％為資優（引自黃文慧，民96）。

五、鑑定程序

目前我國資賦優異兒童的鑑定，通常分為初選與複選，鑑定的內涵綜合說明如下：

（一）教師推介

依目前我國實際情況，通常在小學二年級時辦理資賦優異兒童甄試，由級任老師對班上學童作推薦。其優點為教師長期觀察，對學童較了解。而其缺點則為普通班教師不一定具資賦優異的知識，可能推薦錯誤，以至於可能將好（或乖）學生與資優生劃上等號。

（二）智力測驗

初選時為避免遺珠之憾，通常可以推薦較多的兒童參加初選，因人數較多，通常採團體測驗，團體測驗的優點是可同時施測多位兒童，節省時間；缺點則是題目通常較少，題目代表性不夠，且施測者無法觀察個別兒童在施測時的表現。經淘汰之後，部分學童進入複選階段，複選時採個別智力測驗，測驗的進行程序較嚴謹，題目的效度性較高。

（三）成就測驗

與學科測驗有關，例如國語、數學、物理、化學、生物等每一科的學習成就，或綜合成就測驗，這些表現通常也是資賦優異兒童必須考量的因素之一。

（四）創造力測驗

主要了解該資優兒童的創造力如何？可作為將來教育上的參考。

（五）家庭訪問

特殊教育需要家長的配合，一方面可以了解資優兒童在家中的表現如何；二方面未來在作教育安置時，需要家長的同意及配合。

（六）團體訪談

例如透過與同儕的訪談可了解資優兒童的領導能力如何？人際關係如何？可作為未來實際教育的依據。

六、教育安置的方法

目前我國對資賦優異兒童的教育安置方法可分為二種，說明如下：

（一）集中制

讓資優兒童在同一班上課，即資優班。目前有智優班、音樂班、美術班、數理資優班等。其優點是大家能力都很好，教師可依照學生程度編製教材，更能符合學生的需求。至於缺點則為：

1. 集中上課，高手如雲，造成過度競爭，學童壓力大。
2. 違反回歸主流的原則，資優兒童與一般兒童失去交流的機會，將來進入社會恐有適應上的問題。

此外，傳統的集中式資優班，在升學主義之下，校長、老師和家長常將其視爲「超級升學班」，給予更嚴厲的填鴨式教育，戕害了資優教育的本意。

（二）分散制

即讓資優兒童分散到普通班就讀。其優點在於資賦優異兒童在普通班就讀時因表現傑出，可培養自信心及領導能力。不過其缺點乃在學童程度不同，教師不易準備教材。爲了改善這種問題，可以實施「分散式資優資源班」，亦即讓在普通班就讀的資優兒童能到資源班接受更深更廣或研究式的主題教學。爲了避免影響資優兒童在原班的課程進度，到資源班的時間通常安排在早自修、共同自修課或每天最後一節輔導課。

七、課程設計型態

對於資賦優異兒童的課程設計型態，可分爲下列兩點說明：

（一）加速制

加速制至少可分提早入學、跳級、縮短教育年限三種模式。

提早入學

一般學童是年滿六歲入小學，不過資賦優異的幼童可至公立醫院兒童心智科或精神科鑑定智商，合格者可向該地小學申

請提早入學。按目前我國現行教育體制，部分縣市有辦理資賦優異幼兒提早入小學就讀的制度，有些縣市則無。至於提早入學後的學生，在小學的適應如何呢？根據林怡秀（民90）的研究，在學習適應上，有七成以上的受試者經常名列前茅；在生理發展上，全部受試者完全不會及偶爾有寫字畫圖的困難，有八成受試者的體格並不矮小；在社會情緒適應上，九成五以上的受試者和老師維持大致及十分良好的關係，有占近九成的受試者有一些及很多知心同學，約占九成的受試者表示年紀對同學情誼全無影響及影響輕微；在緊張焦慮上，完成不會與偶爾緊張焦慮者約占八成五，九成的受試者大致與完全可以克服情緒問題。

跳級

例如結束國小三年級的課程後直接跳到五年級就讀。目前規定小學生最多可跳級二次，國中、高中及大學各一次。跳級的精神在於使兒童加速學習，提早畢業；其缺點則在跳過去的一年，其學習內容未學到，需做些補救措施，以免有適應上的困難。

縮短教育年限

根據郭靜姿（民89）歸納七種縮短修業年限方式的定義如下：

1. **學科成就測驗通過後免修該科課程**：係指資賦優異兒童某一科或多科學業成就具有高一學期或年級以上程度等，在校可免修該課程。
2. **逐科加速**：係依據資賦優異學生學習成就優異之科目，將

就讀教育階段內應學習之課程，以較少的時間逐科加速完成。

3. **逐科跳級**：係指資賦優異學生之部分學科程度，超越同年級學生一個年級以上者，採逐科跳級學習之方式，提早修習較高年級或較高教育階段之課程。

4. **各科同時加速**：係指資賦優異學生各科學習成就均優時，將就讀教育階段之課程，採全部學科同時加速之方式，以較少之時間完成。

5. **全部學科跳級**：係指資賦優異學生之全部學科程度，超越同年級學生一個年級以上者，於學期結束時，跳躍一個年級就讀。

6. **提早選修高一年級以上之課程**：係指資賦優異學生，其部分學科學業成就優異，超越同年級程度者，可提早選修高一年級以上部分課程。

7. **提早選修高一級以上教育階段之課程**：係指資賦優異學生，其部分學科學業成就優異，超越同年級程度者，可提早至高一級以上之教育階段之學校選修部分課程。

（二）充實制

充實制可分為水平充實、垂直充實、補充充實三種模式：

水平充實

由於資賦優異兒童的學習速度較快，所以除學校指定的教科書外，再選讀相同（類似）水準的教材，增加學習內容，也就是課程加廣的意思。

垂直充實

即課程加深。從比例智商觀念，資賦優異兒童的心理成熟度優於生理年齡，因此通常可學更高程度的課程。例如國小二年級的學童同時研讀三年級或四年級的課程。

補充充實

補充和課本無關，但和個人生涯發展有關的知識或能力。例如可讓小學學童學習日文、英語等各國語文或電腦、童子軍課程及活動。

八、教育與輔導的重點

對於資賦優異兒童的教育與輔導重點，可從下列幾方面來談：

（一）課程內容應重視高層次概念的學習

例如到動物園校外教學時。除了告訴兒童動物的名稱外，還可進一步讓兒童觀察動物的身長、身高、膚色、性別、食物習性等。

（二）重視思考能力的培養

當兒童發問時，不要直接回答，可以反問他，讓他去思考，若無法回答時再加以引導。在小學或國中課程中，亦可加入研究主題課程，例如：生命教育、死亡課題、時間管理、情緒管理、兩性互動、領導統御等。

（三）陶冶健全人格

資賦優異兒童若無健全人格，輕則可能與人格格不入，自私自利，重則可能淪爲智慧型犯罪，危害國家社會安全甚巨。

（四）培養良好的社會技巧

資賦優異兒童無論是在學或將來到社會上工作、在居家生活、學習活動或職場上都不免要與人接觸，培養良好的社會技巧，除了與人互動較佳外，更可以發揮互助、領導、展現潛能的具體作爲。

（五）訓練情緒控制能力

資賦優異兒童若常常鬧情緒，不但影響自己的學習與生活，更會影響周遭的家人、老師或同學，更有必要做好情緒控制的訓練。

（六）激發對社會的責任感

基本上每一個人無論上智與下愚，對社會都有責任，因此在教育上要激發資賦優異兒童的社會責任。

（七）注意生涯輔導的規劃

資賦優異兒童應該長期培養，所以要注意生涯規劃以讓其人生發展更爲順暢。以音樂資優生的生涯發展目標爲例，就教育的期待而言，似乎應在演奏或創作方面將其音樂潛能充分發揮。然而，受限於市場的因素，使得安定、穩定的教師工作，成爲台灣地區音樂資優生成長後主要的出路（郭靜姿、林美

和、吳道愉，民96）。

參考書目

何華國（民88）。《特殊兒童心理與教育》。台北市：五南圖書公司。

林怡秀（民90）。〈提早入學資優生之追蹤研究報告〉。《資優教育季刊》，期79，頁13-17。

林寶貴譯（民78）。《特殊教育新論》。台北市：幼獅文化公司。

郭靜姿（民89）。〈談資優生縮短修業年限的鑑定與輔導方式〉。《資優教育季刊》，期76，頁1-11。

郭靜姿、林美和、吳道愉（民96）。〈音樂教師：女性音樂資優生的最佳選擇？〉。《資優教育季刊》，期103，頁12-18。

教育部（民95）。《身心障礙及資賦優異學生鑑定標準》。

黃文慧（民96）。〈雙重特殊學生的理論與實務——三十年的探詢與發展〉。《資優教育季刊》，期102，頁1-19。

謝建全（民88）。〈資賦優異者之教育〉。載於王文科主編，《特殊教育導論》，頁505-582。台北市：心理出版社。

Coleman, J. M. & Fults, B. A. (1982). Self-concept and the gifted classroom: The role of social comparisons. *Gifted Child Quarterly, 26,* 116-120.

Karnes, F. A., Shaunessy, E., & Bisland, A. (2004). Gifted student with disabilities: Are we finding them? *Gifted Child Today, 27*(4), 16-21.

第三章

智能障礙兒童

一、定義

根據特殊教育法第三條第二項第一款所稱智能障礙，指個人之智能發展較同年齡者明顯遲緩，且在學習及生活適應能力表現上有嚴重困難者；其鑑定標準如下（教育部，民95）：

1. 心智功能明顯低下或個別智力測驗結果未達平均數負二個標準差。
2. 學生在自我照顧、動作、溝通、社會情緒或學科學習等表現上較同齡者有顯著困難情形。

依據魏氏兒童智力量表（標準差SD＝15），負二個標準差以下即智商在七十以下。在評量智能障礙兒童時還要注意下列幾點：

1. 自我照顧能力：即生活自理能力，例如洗臉、洗澡、吃飯等，兒童不會自行處理或自行處理有困難。
2. 粗細動作發展：智能障礙兒童的動作發展明顯比一般兒童差。
3. 語言溝通能力：分為下列二者：
   (1)表達能力：心裡所想的是否能明確地表達給別人知道。這牽涉到語言組織、語言表達的能力。
   (2)理解能力：別人所傳遞的語言是否能理解。
4. 社會能力：與同年齡兒童比較，智能障礙兒童的社會能力較差。

5.情緒：人的情緒是分化來的。剛出生時只有興奮的情緒，經分化才有往後的恐懼、愉快、喜愛、嫉妒等情緒。智能障礙兒童的情緒分化較一般兒童慢，而且不易控制自己的情緒。

二、分類

智能障礙兒童依教養特性、智商高低及心理年齡發展範圍可以分為三大類，說明如下（**表3-1**）：

第一，輕度智能障礙兒童又稱為可教育性智能障礙兒童，可以學習一些簡單的國語、數學、社會、自然等學科，教師宜針對他們的程度，設計適合他們的教材。

第二，中度智能障礙兒童又稱為可訓練性智能障礙兒童，可分二點說明：

1.在幼兒期和小學階段訓練生活自理能力為主，讓其在生活上儘量不依賴別人，如自己吃飯、穿衣、洗澡等等。
2.國中以後則施以簡單的社會適應及職業訓練，例如購物、搭車、簡單的手工、麵包烘焙、印刷、園藝、養殖、清潔工作等等。

表3-1　智能障礙的分類

分類	智商	心理年齡發展範圍
輕度（可教育性）	50–69	約8–11或12歲
中度（可訓練性）	25–49	約4–7歲
重度（養護性）	24以下	約3歲（含以下）

第三，重度智能障礙兒童又稱為養護性智能障礙兒童，他們通常無法接受教育或技職訓練，一生都需依賴他人照顧。

何華國（民88）曾修正Gearheart與Litton（1979）依智能障礙的等級，而推測各類智能障礙者所占的百分比如**表3-2**所示。

表3-2　各類智能障礙的出現率

程度	在總人口的百分比	在智能障礙人口中的百分比
可教育性智能障礙	2.6	86.7
可訓練性智能障礙	0.3	10.0
養護性智能障礙	0.1	3.3
總計	3.0	100.0

資料來源：何華國，民88。

三、可能形成智能障礙的原因

（一）遺傳

基因若有缺陷可能造成智能障礙。根據美國精神醫學會（American Psychiatric Association, 1994）在《心理疾病的診斷與手冊》一書中提及：智能障礙者因遺傳因素造成的比例為5%。

（二）懷孕期

懷孕期間，可能因為孕婦本身的因素、飲食與營養的問題、生病與藥物的問題、外在污染源的問題等等造成胎兒腦部發育不健全或受損，導致生出智能障礙的下一代，說明如下：

高齡產婦

三十五歲以上的高齡產婦，卵子隨年齡自然老化或身體檢查、生病時照射過量X光或生病影響卵子的健康，都可能因此產下智能障礙兒童，尤其是道恩氏症候（Down's Syndrome），或稱為唐氏症、蒙古症（Mongolism）。

認識唐氏症

此症為1866年英國醫生道恩（J. Langdon Down）發現而命名。道恩氏症兒童外表特徵是面部圓而扁平，舌頭常常伸出且厚而有裂縫，嘴唇厚而嘴巴小，頸、手、手指、腳等短小，皮膚鬆弛且乾燥，斜眼，手厚軟。

正常人的細胞中有四十六個染色體，而唐氏症就是第二十一對染色體多了一個，亦即細胞內有四十七個染色體，根據統計，台灣每八百個新生兒中，即有一名唐氏症兒。

唐氏症兒通常具中重度智力障礙，智商約在三十至五十之間。生下唐氏症的危險機率是隨著孕婦年齡增加而遞增，懷孕婦女年齡在二十歲時，生育唐氏症兒之危險率為1：1222，二十五歲時為1：1080，三十歲時為1：727，三十四歲時為1：379，四十歲時為1：90，四十五歲時為1：22。

唐氏症的篩檢法主要為羊膜腔穿刺，但由於此為侵襲性胎兒檢查，故有增加流產的可能性，但其準確性頗高。其他尚有先做母血篩檢及超音波檢查篩檢，但此為輔助性的。

資料來源：洪榮照，民89；郭保麟，民90。

懷孕期感染疾病

例如德國麻疹、腮線炎、梅毒、流行性感冒、糖尿病都可能造成智能障礙的下一代。

認識德國麻疹

婦女在懷孕期間感染德國麻疹，就有可能導致胎兒罹患「先天性德國麻疹症候群」，發育中的胎兒受到德國麻疹病毒的影響而產生畸形或死亡，包括死產、自然流產，或是胎兒主要器官損害，如耳聾、白內障、先天性青光眼、心智發展遲緩、心房或心室瓣膜受損、黃疸及腦膜炎等可能單一或合併多種缺損出現。

德國麻疹的傳染係經由飛沫傳播，也可能經由接觸患者的口鼻分泌物而感染。我國自民國75年起，首先對國中三年級之女生進行全面性德國麻疹疫苗接種，民國81至83年接種國中三年級以下所有學童，民國81年1月起開始以MMR混合疫苗（measles[麻疹]、mumps[腮腺炎]、rubella[德國麻疹]）的方式，對十五個月大的嬰兒進行全面性免費預防接種。

資料來源：劉定萍，民90。

放射線

第二次世界大戰時，美國在日本投下的原子彈及民國75年蘇聯車諾比核能電廠爆炸，外洩的放射線皆造成兩國新生兒畸

形率偏高的情形。所以孕婦應避免照射X光。但放射線問題在預防上有死角，例如不知道已懷孕照X光。而照射部位和劑量也有關係，一般而言，以腹部X光的照射對胎兒的傷害最為嚴重。

藥物

孕婦因為慢性病如腎臟病、肝病等需長期服藥，或服用墮胎藥、安眠藥及麻醉劑使用不當，可能傷害到胎兒。孕婦用藥必須非常小心，應找合格醫師開立處方。

營養不良

孕婦營養不良，可能會影響胎兒腦部發育。

情緒不穩

孕婦情緒不穩引起內分泌失調，可能會影響胎兒腦部發育。

維他命服用不當

例如維他命A過量。

抽煙（含二手煙）

香煙中含有尼古丁等兩三千種化學物質，其中有部分可能會傷及胎兒腦部發育，所以孕婦應該儘可能的不要抽煙。

喝酒

酒精有麻醉作用，孕婦喝酒，會透過血液循環，由臍帶傳給胎兒，會使胎兒造成智能不足（朱繼璋，民90）。

咖啡因

懷孕婦女喝咖啡是否會對胎兒的智力造成影響，目前並沒有直接證據。但經過一些動物實驗（如給懷孕的母鼠服用高劑量的咖啡因）以及人類的觀察結果，發現懷孕婦女經常的飲用

含咖啡因飲料（包括咖啡、茶、可樂等），可能會影響智力、流產、新生兒體重較輕、嬰兒難以入睡等現象（胡津筌，民89）。

鉛中毒

鉛是種具有神經毒性的重金屬元素，在兒童期最普遍的表現形式是對智能的影響（孫安迪，民89）。

小頭症

小頭症的定義是頭圍在平均年齡和性別中小於三個百分位。有很多原因會引起小頭症，例如染色體異常、先天性感染、藥物等等，大部分小頭症的小孩都有智能發展遲緩的情形，故需早期療育、及早安排適當的照顧計畫（高慧芝，民90）。

近親通婚

Adams及Neel（1967）曾研究近親交配的風險，他們比較十八個近親婚姻（十二個是兄妹，六個是父女）的嬰兒與控制組（控制組的條件包括年齡、智力、社經地位和其他有關的特性）嬰兒的發展。在六個月的時候，近親婚姻中有五個嬰兒死亡，二個有嚴重智力障礙而住院治療，三個顯示臨界智力，一個有兔唇。在所有十八個嬰兒中只有七個被認為是正常。相對的，控制組的嬰兒只有兩個不被認為正常，一個顯示臨界智力，另一個則有身體缺陷（引自游恆山譯，民89）。

（三）生產時

生產過程可能造成智能障礙的高危險群說明如下：

生產過程過長

例如初產婦產道狹小，生產時間過長，或者臍帶纏住脖子

造成缺氧，破壞中樞神經，導致智能障礙。

器械或麻醉劑使用不當

例如難產時產鉗或吸引器使用不當傷到新生兒的腦部，可能會導致智能障礙。

（四）後天因素

病毒的感染

例如罹患腦炎、腦膜炎、白喉、流行性感冒傷到中樞神經系統，這些疾病都有一個共同的特點，就是細菌、病毒侵入嬰幼兒腦部，使大腦受到傷害。

長時間發燒過度

雖然發燒不是造成智能障礙的直接原因，但發燒表示有細菌或病毒入侵大腦。若只退燒不對症下藥殺死病毒，治標不治本，拖延病情可能傷害幼兒腦部，造成智能障礙。一般而言，發燒至四十一‧七度以上（張培鑫，民90）或四十二度以上（張文華，民90）會造成智能障礙。

意外事件

兒童容易因為意外事件的腦傷而導致智能障礙。例如幼兒被窗帘的繩子纏住脖子或塑膠袋罩住頭致使腦部缺氧、游泳溺水、頭部外傷，造成智能障礙。

文化家庭性智障

此類智障導因於童年時代文化刺激不足，當後來早期療育介入後有可能恢復正常。

甲狀腺功能低下

　　新生嬰兒罹患此症應該即早接受治療，其生長曲線、智力與常人無異，但若在六個月以後才開始治療，則平均智商只有五十九而已（高慧芝，民90）。

四、身心特質

　　智能障礙兒童在身心特質方面有部分異於一般兒童，說明如下：

（一）在生理方面

　　智能障礙兒童的身高、體重、頭圍、胸圍及身體健康大都比一般兒童差；其次在骨骼、牙齒的發展，也比一般兒童遲緩；感官（如聽覺、視覺、味覺、嗅覺、觸覺）功能較不敏銳；此外，動作發展較同年齡兒童差。

（二）在心理方面

1. **注意力不集中**：常無法對同一遊戲、玩具或功課作較持久的專注。
2. **記憶力較差**：對事物記憶的時間較短、記憶廣度狹窄。
3. **想像力貧乏**：無法像一般兒童一樣，有豐富的想像空間。
4. **思考能力差**：對於大腦功能思考能力的運作，表現常低於同年齡兒童的水準。
5. **語言發展障礙**：至少包括兩方面：(1)起步較晚，例如到

了二歲還不會叫爸爸媽媽，不會說單字句（one word sentence）；(2)語言障礙，例如構音異常、語暢異常。

6.認知發展遲緩：以皮亞傑（Piaget）的認知發展爲例，皮亞傑把兒童的認知發展分四期，第一期是感覺動作期，重度智能障礙兒童通常一直停留在此期。中度智能障礙者通常可發展到第二階段的前操作期。輕度智能障礙者通常可以發展到第三階段具體操作期。至於代數、幾何都屬抽象智慧的領域，依皮氏的理論，抽象智慧期爲十一至十五歲的發展特徵，所以即使是輕度智能障礙者也很難有機會進到第四期的抽象智慧期，學習這些概念（參考**表3-1**）。

7.自我中心：只能考慮到自己，但非自私。

8.應變能力差：對突發事件可能無法處理，智能障礙兒童只能處理日常例行事情，對於需要應變的事務常不知所措。

9.情緒不穩：因爲挫折感大、容易被取笑、自卑，造成情緒不穩。

10.挫折感大：由於能力的不足，智能障礙兒童常遭遇失敗的經驗，所以挫折感較大。

11.求助性高：因爲能力的不足，或常遇挫折，爲了避免失敗，所以常求助於他人。

12.固執：對於已建立的行爲或生活習慣，若有更好的處理方式時，常抗拒改變。

13.自卑：由於自己能力的不足，加上他人的譏笑、謾罵、侮辱，所以智能障礙兒童常常會感到自卑。

（三）在社會方面

1.因爲社會技巧差，所以在與父母、手足、老師、同儕建立

良好關係上有困難。

2.由於心智年齡比實足年齡低，所以傾向與年紀較小的兒童玩。例如一位八足歲智商為五十的兒童，他的心智年齡通常約在四歲，所以這位八歲的兒童，若與八歲的一般兒童一起讀書、遊戲時，會顯得困難重重，因此，若能夠與年紀小的兒童在一起可能會比較合適。

五、教育目標

對於智能障礙兒童的教育目標，可以分下列幾點說明：

1.促進身心健康：例如鍛鍊身體健康、加強心理衛生輔導。

2.培養生活自理能力：使其日常生活食衣住行能夠自理。

3.培養團體生活的能力：不論托兒所、幼稚園、國小或中學都是過著團體生活，希望藉此學習機會更能適應將來的社會生活。

4.協助基本知能的學習：基本知能包括日常生活基本知識和自理能力，例如簡單的衛生常識、金錢使用。

5.培養職業生活的能力：學齡前和國小階段大小肌肉的訓練，對未來從事工作有幫助。國高中職階段則培養簡單的職業技能，以便在離開學校之後，能有一份合適的工作。

6.休閒生活的輔導：智能障礙兒童常遭遇挫折，且常常有一些負面的情緒，所以心理不是很健康，如此，輔導休閒活動就顯得更加重要，可促使其活潑快樂，並增進身體健康。

六、教育安置的方法

目前我國對智能障礙兒童的安置方式有下列幾種：

（一）啓智學校

通常中、重度的智能障礙兒童適合安置在啓智學校，優缺點說明如下：

1. 優點：(1)易網羅啓智專業師資；(2)設備較爲完善，舉凡可以爲啓智教育實施的教材、教具可以充分製作或購置。
2. 缺點：(1)無法達到「回歸主流」的教育理想；(2)若從小就一直在特殊學校就讀，將來可能較難適應社會生活。

（二）啓智班

啓智班可分爲學校啓智班及機構啓智班兩類。

學校啓智班

通常爲自足式，即啓智老師包辦所有課程。這種安置方式可叫做「部分隔離」，亦即沒有像特殊學校完全將智障兒童與一般兒童隔離，也沒有像普通班一樣融合。

機構啓智班

例如在智能障礙兒童教養院或啓智中心設啓智班，方便中、重度障礙兒童就學。

台北市士林國小啟智班概況簡介

一、沿革──細說從頭

　　本校啟智班設立於民國67年，初期僅招收輕度智能不足兒童。民國85年增設多重障礙班，由校內啟智班教師移撥兩位負責校外巡迴在家教育學生之教學輔導工作。並由教育局協調醫療系統資源成立復健巡迴醫療團，以本校為北區醫療中心學校，統籌負責北區各國小身心障礙學生醫療復健工作，由職能治療師及物理治療師，還有語言治療師定期進駐本校服務。

　　民國87年增設身心障礙資源班，配合融合教育政策之推動，以支援普通班級中的特殊兒童個別化教學服務。

　　目前設有輕度班三班，中度班一班，在家教育巡迴班一班，學生人數多達三十多人。

二、我們的課程與教學

　　實用語言、社會適應、休閒教育、生活教育、職業教育、實用數學。

三、教學特色與重點

　　1.注重個別差異。

　　2.團體混合教學。

　　3.協同教學。

　　4.注重教學評量。

資料來源：台北市士林國小家長會訊，民91。

（三）資源班

　　智能障礙兒童平時在普通班上課，符合「回歸主流」的理念，但學習上可能有困難，所以每週抽離數小時到資源班，由特殊教育老師個別或小組加以輔導。

（四）在家教育

　　極重度智能障礙兒童上下學有困難，可施以在家教育，由學校每週定時派教師到家上課。這些家庭在九年義務教育期間可領教育代金。

（五）普通班

　　由於：(1)回歸主流；(2)啓智班不普遍，所以將智能障礙學生安置在普通班中。新式融合教育及早將智能障礙兒童安置在普通班，可改善將來社會適應問題，所以普通班教師最好也具備特殊教育的知能。

　　原則上兒童六歲入小學，但對智能障礙兒童可考量延後一年入學的可行性，因為晚一年就學，比當年就學，會有較好的適應及吸收知識的能力，特別是在這一年，家長或醫師有較好的教育計畫時。雖然他們最終仍敵不過智商較好的兒童，但是他們在小學教育階段，可能獲得比當年入學、相同智商的兒童還要好的知識累積。這可使義務教育發揮最大的功效，也可能有助於義務教育以後的就業機會（賴慧貞，民90）。

參考書目

台北市士林國小家長會訊（民91）。〈啓智班概況簡介〉。《台北市士林國小家長會訊》創刊號，民國91年6月1日。

朱繼璋（民90）。〈孕婦用藥安全〉。《嬰兒與母親月刊》，期298，民國90年8月，頁208-211。

何華國（民88）。《特殊兒童心理與教育》。台北市：五南圖書公司。

胡津荃（民89）。〈孕婦及哺乳期母親應少喝咖啡〉。《台灣日報》，民國89年4月21日，13版。

洪榮照（民89）。〈智能障礙者之教育〉。載於王文科主編，《特殊教育導論》。台北市：心理出版社。

孫安迪（民89）。〈鉛傷害兒童智力、削弱免疫力〉。《中國時報》，民國89年5月23日，39版。

高慧芝（民90）。〈頭頸異樣觀測法〉。《育兒生活雜誌》，民國90年2月，頁137-140。

教育部（民95）。《身心障礙及資賦優異學生鑑定標準》。

郭保麟（民90）。〈唐氏症篩檢的三種方法〉。《嬰兒與母親月刊》，民國90年11月，頁102-108。

張文華（民90）。〈講求速效的就醫思迷〉。《嬰兒與母親月刊》，期298，民國90年8月，頁172-176。

張培鑫（民90）。〈寶寶發燒會不會燒壞腦袋瓜？〉。《嬰兒與母親月刊》，期298，民國90年8月，頁158-162。

游恆山譯（民89）。《變態心理學》。台北市：五南圖書公司。

賴慧貞（民90）。〈延緩入學好不好？〉。《國語日報》，民國90
　　年7月2日，13版。

劉定萍（民90）。〈遠離德國麻疹〉。《嬰兒與母親月刊》，期
　　296，民國90年6月。

American Psychiatric Association (1994). Diagnostic and Statistical
　　Manual of Mental Disorders (4th ed.). Washington,
　　D.C.:American Psychiatric Association.

Gearheart, B. R. & Litton, F. W. (1979). *The trainable retarded: A*
　　foundations approach. St. Louis, Missouri: The C.V. Mosby
　　Company.

第四章

視覺障礙兒童

一、定義及種類

　　特殊教育法第三條第二項第二款所稱視覺障礙，指由於先天或後天原因，導致視覺器官之構造缺損，或機能發生部分或全部之障礙，經矯正後對事物之視覺辨認仍有困難者；其鑑定標準如下（教育部，民95）：

　　1.視力經最佳矯正後，依萬國式視力表所測定優眼視力未達0.3或視野在二十度以內者。
　　2.無法以前款視力表測定時，以其他方式測定後認定者。

　　以上是教育部鑑定視覺障礙兒童的標準。依教育的觀點，視覺障礙指無法或困難用視覺來學習。若是無法用視覺來學習為全盲，其視力設定值優眼未達0.03，通常以點字為主要學習工具，因此，全盲又稱為「點字閱讀者」。若用視覺來學習有困難則是弱視，其視力測定值優眼介於0.03（含）以上，未達0.3，或是視力測定值優眼在0.3以上，但其周邊視野在二十度以內者，在學習活動中，須將教材字體適當放大（用放大鏡或擴視機），而仍然以文字為主要學習工具者，有人稱為「放大文字閱讀者」。

　　根據教育學者的分析，　人類獲取經驗的途徑是：(1)視覺經驗約占40％；(2)聽覺經驗約占25％；(3)觸覺經驗約占17％；(4)味覺及嗅覺經驗約占3％；(5)其他各種有機感覺經驗約占15％。由此觀之，視覺障礙學生僅能憑60％的感覺來汲取各種經驗（杞昭安，民89），所以視覺障礙學生在學習上會有很大的困

難。

二、造成視障的原因

（一）先天性視障

先天性視障通常包含兩類，一類是遺傳，和基因有關；一類是懷孕期間發生狀況。列舉如下：

眼球萎縮

一般人的眼球外凸，不過有些視覺障礙兒童的眼球內凹，通常是玻璃體萎縮的緣故。

白內障

白內障是水晶體混濁。因爲基因退化的關係，一般老人多多少少都有白內障的現象，然而，少部分嬰兒期即出現白內障。論其原因，可能與孕婦感染德國麻疹、梅毒、弓漿蟲有關（徐振傑，民90；顏敏芳，民90）。白內障的兒童通常會有下列四種症狀：

1.視力有如雲霧當前一般看不清楚。
2.視力狀況隨光線明暗而有變化。
3.複視現象。
4.畏光且容易疲勞。

青光眼

青光眼是因為眼壓過高損害眼角膜及視神經所造成的。

（二）早產兒視網膜病變

出生體重小於一千五百克，週次低於二十八週的早產兒發生視網膜病變的機率很高，可能引起視網膜剝離導致視力嚴重受損（顏敏芳，民90）。眼睛構造圖見**圖4-1**。

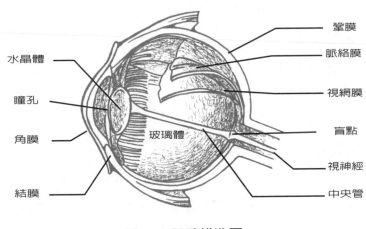

水晶體

瞳孔

角膜

結膜

玻璃體

鞏膜

脈絡膜

視網膜

盲點

視神經

中央管

圖4-1　眼睛構造圖

（三）腦瘤

大腦的後腦枕葉是視覺中樞的部位，若在此長瘤可能直接傷到視神經造成視障。

（四）傳染性病變

包括腦炎、腦膜炎和角膜炎等等，若發炎的部位是視覺中

樞的話，將傷到視神經造成視障。游泳時水不乾淨，或使用不潔毛巾，很容易得到急性角膜炎，治療不當可能變成慢性角膜炎，而導致視障。

（五）外傷

兒童常發生尖物刺傷眼睛事件，另外還有火燒傷眼睛、爆炸、電線誤觸眼球、外力猛烈撞擊（如拳頭、足球）等意外事件。

（六）淋病

孕婦若患淋病，新生兒經過產道時就可能被感染，若治療不當，會導致角膜潰瘍，進而引起角膜穿孔，而有失明之虞（李信成，民90）。

（七）染色體異常

指白膚症。把白膚症列為視障，是因為白膚症者懼光。

（八）隱形眼鏡使用不當

隱形眼鏡使用不當可能造成失明，例如未做好隱形眼鏡的清潔保養，配戴時間過久而造成眼球缺氧或因感染而造成角膜潰爛。此外，隱形眼鏡破裂也可能傷及角膜或眼球造成失明。

三、身心特質

視覺障礙兒童的身心特質可分下列幾點來說明：

(一) 生理特徵

觸覺行為

如經常揉眼睛、反覆摸鼻子及耳垂、觸摸自身各部分、咬手指。

視覺行為

主要是弱視兒童常顯現的行為特徵，如盯著光源不動、追蹤光線、對著光線不斷眨眼、用手在眼前作各種動作、眼球經常顫動、斜視、瞇眼、接近目標物看、視線無法正確對準目的物等。

運動行為

如前後左右搖動自己的身體、聳聳肩、抖抖手，需用手眼協調之作業或遊戲，表現較差。

恆常行為

因為無法用眼睛接收四周的訊息，所以常顯現表情呆板，喜歡獨坐。

走路行為

常顯得緊張，非常謹慎小心。

(二) 社會行為

被動

一般外向者喜歡主動交朋友，視覺障礙兒童因為看不到他人，所以只好被動地等待別人的友誼。我們遇到視覺障礙兒童

時，也應主動打招呼，因為他可能看不到周圍的人。

依賴

視覺障礙兒童因為行動上的不方便，所以常需依賴他人。

（三）語言發展

視覺經驗與語言符號的統合感覺困難

一般人語言和所看到的東西可以輕易的建立連結關係，視覺障礙兒童因為看不見，所以在統合方面有困難。

肢體語言運用有困難

揮揮手即是肢體語言，但視覺障礙兒童看不到。一般人會以點頭表示同意，搖頭表示不同意，視覺障礙兒童同樣因為看不到而無法運用。又如，視覺障礙學生在學游泳時，即無法看到教練所做分解示範動作，只能靠教練拉動他的手、腳及身體來學習。

用聽覺學習語言比較多

前已述及人類的學習經驗中，視覺占的比重最多，視覺障礙兒童既然看不到，只好退而求其次用聽覺來學習。也因此常造成一般人對視覺障礙者的誤解，認為盲人聽力較好，其實這是訓練的結果。

語言特徵

視覺障礙兒童的語言特徵說明如下：

1.在語法方面：不易懂名詞、動詞、代名詞、副詞、形容詞、助語；詞性的排列沒有規律；字、詞、單句不易分

辨。

2.在語用方面：亂套成語，如：今天天氣很好，眞是「天高
　氣爽」；自創語詞，尤其台語國語化，如：「無禮無
　數」。

3.在語意方面：特徵是不求甚解，用字經常張冠李戴，如：
　東瓜、西瓜、南瓜、北瓜，北瓜則無此東西，但盲生會問
　這是什麼東西？

4.在語音方面：常有發音錯誤的現象，如ㄈ音，視障學生大
　部分誤讀爲ㄨㄛ的結合韻。

5.語言理解方面：視障兒童的理解能力比同年齡之兒童差，
　且常有錯誤的理解，如：警報聲的「長」，被想像成警報
　器的形狀是「長」的（林寶貴，民86）。

（四）智力

因爲缺乏文化公平測驗，導致視障兒童智商較低

目前的智力測驗都適合於一般兒童，而沒有專門對視覺障
礙兒童所編製的智力測驗，所以視覺障礙兒童在做智力測驗時
較不利。例如問一般兒童在十字路口遇到紅燈該停止還是繼續
走，對一般兒童而言大都沒有問題，但對視覺障礙幼兒可能就
有困難。因爲他們可能沒有這樣的視覺經驗，除非他被教導過
將答案死記下來。而智力測驗就有類似這樣的題目，所以視覺
障礙兒童測出來的智商較低。

因爲視覺經驗的欠缺，阻礙智能發展

刺激愈多愈有助於腦力的開發，但視覺障礙兒童看不到，
無法接收多樣的刺激，刺激少，智力的發展也就差了。

（五）閱讀行為

弱視的兒童在閱讀時常有下列的行為表徵（劉信雄等，民89）：

1. 對圖畫書籍不感興趣。
2. 閱讀時容易疲勞，無法長久持續。
3. 朗讀時速度慢，經常跳字或跳行。
4. 對形體相似的字常唸錯或誤認。
5. 對字體筆劃較多的字，常無法正確書寫。

（六）學業成就

總括來說視覺障礙兒童比一般兒童的學業成就差，原因可能是：

成就動機不高

一般兒童從小就會立志長大後要當總統、老師、科學家等等，有很多很多的抱負，這是幻想期。然後隨著年齡、學業成就、興趣而做修正及落實。但視覺障礙兒童考慮到自己的障礙而不敢有太大的抱負。他們可能只有基本的期許，希望長大後能有一個穩定的工作就很滿意了。

概念的學習有困難

例如代數、幾何等抽象概念的學習，因為看不到點、線、面、立體等，不知何謂點，何謂線，何謂面，所以學習有困難。

對於某一些物體、事物的學習有困難

例如太大和太小。他們無法看到玉山和陽明山，即使讓他們實際去爬這兩座山，也是無法分出它們的高低；又如蚊子和螞蟻等體積太小的昆蟲、火和硫酸等危險物品，他們也是無法用實際的觸摸來了解是什麼；此外，太高的東西，如高樓、巨木；太遠的東西，如星星、月亮、遠山；太複雜的東西，如鐘錶內部的結構；動態的東西，如射擊、飛靶；抽象的東西，如彩虹、顏色等，他們在學習上也有困難。

需花許多時間去學點字及行動訓練

視覺障礙的學生因為視覺學習上有困難，所以需要學習其他更多的技能來幫助他們。點字和行動訓練即是其中兩項很重要的學習內容，常占用他們不少學習時間。

（七）異性互動

師生關係

除了正常的師生關係外，由於視障教育老師與學生常有肢體的接觸，這種情況，在小學大致上沒問題，到了青春期漸漸凸顯出來。尤其發生在女學生和男老師的身上。因為男教師須拉女學生的手觸摸東西學習。青春期的女生可能會因為男女授受不親而覺得尷尬。如此情形在上按摩課時會更嚴重，因此，有些教學常改為女老師教女生按摩。

異性交往

視覺障礙生和一般生一樣，過了青春期以後也有戀愛結婚的問題。大致上視障者和視障者結婚的情況較多，鮮少一般人

和視障者結婚。

國旗到底是怎樣升上去的？

那是我在盲聾學校執教的第四年，有天夜裡，我爲一陣清亮甜脆歌聲驚醒，聽得出來是好些孩子在齊聲唱。細看夜光錶，是深夜兩點，奇怪！是哪些孩子如此豪情，竟半夜三更到學校裡來唱歌，我自己的視力也很弱，仔細傾聽了一下，聽出來是低年級的小盲生，在哪裡唱升旗歌：

「國旗！國旗！

迎著朝陽，冉冉升起；

臨風招展，多麼美麗。

青天白日滿地紅，

和平博愛敬大同。

國旗！國旗！

冉冉升起，多麼美麗；

我們愛您，向您敬禮。」

這首歌，記得是我上星期才教會他們的，他們當時雖然很愛唱這首歌，但無論如何現在已是深夜兩點了，我想不通他們爲什麼會在半夜三更大伙兒跑到操場上來唱這首歌？我忍不住起床走下樓去，躲在椰子樹後，偷偷地遠望。這才發現有四、五個小盲生，站在升旗台上，圍著旗杆，正嘰哩咕嚕地討論著什麼，忽然我聽見旗杆頂上有人興奮的大叫：「摸到了！我摸到了！是一個小輪子啊！」下面另一個盲生也等不及地叫：「該我了！你快下來，該我爬上去看了。」我很著急想制止他們，可是又不敢大聲喊叫，萬一旗杆頂上的盲生聽到老師來

了，嚇得鬆了手掉下來，不是糟了嗎？可是，不喊叫，小孩子也可能自己掉下來，任何小孩爬旗杆都是一件危險的事，何況他們是瞎眼的小孩，而此刻又是深夜兩點。

過了好一會兒，等旗杆頂上的那個盲生慢慢滑下來了，我才走過去，叫住正要接著往上爬的一位：

「小朋友，你們幹什麼？」我急忙說：「你們不知道半夜沒人的時候來爬這樣細的旗杆是多危險的事嗎？如果跌下來怎麼辦呢？」

「老師，我們盲生沒有升過旗……」

「我不是在上課的時候已經讓你們摸過國旗了嗎？你們不是摸過白日的十二道光芒嗎？你們不是曉得青天、白日、滿地紅的位置嗎？你們不是知道它所代表的自由、平等、博愛的意思嗎？」

「可是，老師，學校只讓我們參加升旗典禮……」

「老師，我們只聽到有人喊口令，聽到樂隊在演奏，同學在唱國歌，我們還是一直不知道升旗是怎麼一回事？……」

「所以，老師，我們偷偷半夜爬起來，想站在升旗台上，爬到升旗杆上，摸摸國旗到底是怎樣升上去的？」

我把小盲生趕回去睡了，自己卻久久不能成眠，國旗到底是怎樣升上去的，怎樣在我們的國度上飄揚的，明眼人曾否比小盲生付出過更多的關懷呢？

資料來源：劉平寬，民70。

四、教育原則

對視覺障礙兒童的教育，最好遵循下列原則，更能發揮教育上的效果。

（一）統整原則

過去聽過瞎子摸象的故事，請瞎子摸象後再請他們統合一下所摸的東西，結果有困難，因為他們沒有看過真正的象。又如房子有窗子、門等等，即使我們告訴他房子有多高，他們也是無法整合。所以，教育視覺障礙兒童時統整問題非常重要，也就要教他整體概念，而不是部分，這也符合完形學派的理論。

（二）做中學原則

也就是讓視覺障礙兒童用手來操作，而不要只是老師口述。實際操作的學習比較不容易忘記。

（三）增廣見聞原則

俗語說：「行萬里路，勝讀萬卷書。」我們應該讓視覺障礙兒童多到戶外走走，增加見聞。例如去爬山、去海邊、去逛百貨公司，告訴他們聽到的是什麼聲音，聞到的是什麼味道，以及摸到的是什麼東西等等，提供他們視覺以外的學習，如此他們的知識會更廣博。

（四）具體原則

顧名思義就是讓視覺障礙兒童學習具體東西，不要學抽象的，如此其學習效果會更好。

五、教育安置

目前我國的視覺障礙兒童安置方式約有下列幾種：

（一）啓明學校

分幼稚部、小學部、國中部及高職部，幼稚部依幼稚教育法之規定，以健康教育、生活教育及倫理教育爲主，並與家庭教育密切配合，此外並施予簡單的定向及行動訓練。小學部除授予一般國小課程外，加授點字、定向訓練與生活訓練。國中部除了一般課程外另加定向行動訓練、初級按摩與工廠實習。高職部除了一般高職課程外，另加授經穴學、電療、病理學、解剖學、木工、綜合樂器、按摩、指壓等，目前我國有三所啓明學校：國立台中啓明學校（民國57年成立）、台北市立啓明學校（民國84年成立）與私立惠明學校（民國50年成立）。

（二）混合教育

自民國56年開始，當時的台灣省實施「視覺障礙兒童混合教育」，先在各縣市成立「視覺障礙學生調查鑑定委員會」，於每學年度開始前，調查鑑定轄區內現有學齡視覺障礙兒童，並由各縣市政府視實際交通狀況，安置就讀離家最近的國民中、

小學，不受原有學區之限制。視覺障礙學生入學後，一般課程如國語、數學、社會、自然等課程，仍由各該班級之教師，與普通學生同樣實施教學；另輔以特殊課程，如點字、定向與行動訓練、生活訓練等課程，由受過專業訓練的「視覺障礙兒童混合教育巡迴輔導員」負責指導。

提供給視障學生的學習材料大致可有下列四種：

1.普通課本：輕度弱視兒童可用放大鏡或擴視機閱讀。
2.大字體課本：適合弱視兒童閱讀。
3.點字書：適合全盲兒童摸讀。
4.有聲書：即錄音帶、CD，適合弱視或全盲兒童聽。

一般而言，需要視覺障礙兒童重複閱讀的資料可用點字呈現，而只需概括理解或無須背誦的資料可以用有聲方式代替（愛盲簡訊，民90）。

六、視覺障礙學生的教學

老師在教導視覺障礙學生時，需依學生之特質做適當的教學，分述如下（劉信雄等，民89）：

（一）全盲學生的教學

1.注意盲生的盲行為：有些盲生會用手擠眼睛、身體前後搖擺等行為習癖；或是說話時，不能和別人的眼神做接觸及面對面的交談，請和巡迴老師討論行為矯治的策略。
2.勿時常移動教室內物品：教室內的擺設有所變更時，要告

訴班上的盲生，讓他重新建立心理地圖，以避免撞上講桌或其他障礙物。

3. **指名回答**：上課中若要盲生回答問題，要叫他的名字。

4. **指示要明確**：對盲生方向指示要明確，盲生不知所謂的「這裡」是右或是左。

5. **投影片**：應用投影片教學時，事先將投影片的內容譯成點字，讓盲生在上課之前，能預習投影片的內容。

6. **幻燈片**：如使用幻燈片上課時，讓小老師為其小聲報讀幻燈片的內容，或是主要概念。

7. **戶外教學**：請一位小老師隨時提供所見所聞，讓盲生隨時透過解說了解外在世界。

8. **讚美盲生**：老師讚美盲生時，不要忘記盲生無法看到老師面部的表情與手勢，要並用肢體語言與口語，以便讓盲生聽得到與感受得到。

9. **向盲生打招呼**：如果盲生獨自在教室，老師或是同學進入教室時要先向盲生打招呼，讓他知道進入教室的人不是陌生人，以減輕恐慌。

（二）弱視生教學

1. **合宜的照明**：尤其是黑板的地方，合宜的亮度可讓多數的弱視生能看清老師所寫的板書。

2. **注意顏色對比**：老師上課時所用的粉筆顏色與黑板顏色的對比要大，才有助弱視生閱讀。如白色與黃色的粉筆配上墨綠的黑板，可呈現較為清晰的字體。

3. **座位的安排**：一般而言，巡迴輔導老師會建議級任老師將弱視生安排在教室第一排，且在兩排燈管中間的位置。這

個位置對弱視學生有二個好處，其一看不清楚黑板上的板書時，可方便移到黑板前觀看；其二是在兩排照明燈的中間，可以避免桌面或是書面產生眩光。

4. **可調式課桌**：學校安置有弱視生時，應請行政部門協助採購可調高度與斜度的桌子，讓弱視生可依其實際上需要，調整高度與斜度，以便獲得最佳的閱讀與書寫距離。

5. **實物演示**：教學時教師若以實物或是圖表輔助教學時，請注意不要背對光源。背對光源時，弱視生必須面對光源，有些學生對光線會很不舒服而瞇著眼時，也看不清老師的臉與手中正在演示的實物或是圖表。

七、定向及行動訓練

視覺障礙兒童常常不易建構正確的心理地圖，在行動中對方位的確定與把握不易，對過度複雜的環境不易適應，居家生活環境中的擺設隨意改變，也難以找尋，因此，有必要做些行動上的訓練。

（一）目的

擴展生活空間、增加個人行動自由，達成獨立生活的目標。也就是教他們辨別方向，讓他們行動自如。這兩項訓練對視覺障礙兒童特別重要。

（二）定向訓練

即辨識正確方位、空間距離，以及物體間的相對位置，要

訓練盲人在行動時有一種心理空間地圖,然後才可以循此線索有效地運動。例如在學校上課,視覺障礙學生從未看過教室,所以必須在教室裡到處走走摸摸,以了解教室的空間方位,才好在教室裡活動。基本上視覺障礙幼兒會爬、走以後就須做在家中的定向訓練,如到廚房、廁所、房間的方位等,更大一點的視障兒童就要有戶外的定向訓練,至於住在台北市的視障成人就要有台北市的心理地圖。

(三) 行動訓練

訓練視覺障礙兒童利用身體運動,從某個位置移到另一個位置,包括有效協調、運動軀幹手足、保持正確姿態以及有效而安全的走動。一般的兒童走路都會摔倒,更何況是視覺障礙兒童,所以我們有必要為視覺障礙兒童做行動訓練。也就是如何讓他快速、安全地到達他想到達的地方。

八、盲人行動法

行動可以拓展視覺障礙兒童的學習空間,是無障礙學習環境重要的一環,其方法介紹如下:

(一) 獨立行動

有別於其他行動法,獨立行動是視覺障礙兒童自己獨自行走,所以為了安全起見,他們必須摸著牆壁或用手遮住頭等身體部位來保護身體。例如在公園中行走,用手遮住頭部可避免頭被樹枝戳傷,而導盲磚則可以幫助他們行走。

（二）人導法

　　是由他人來輔助視覺障礙兒童前進，如果兩個人的高度差不多的話，輔助者在前面，視覺障礙兒童退後半步，用左手握住輔助者的右手臂。因為我們習慣靠右行走，若有來車較不會撞到視覺障礙兒童。退後半步則有幾個原因，例如輔助者可能不小心絆倒，絆倒前可趕快甩開視覺障礙兒童的手，以免視覺障礙兒童跟著絆倒。又如上樓梯時，視覺障礙兒童可由輔助者身體的高低變化知道是要上樓還是下樓。如果視覺障礙者是小孩，而輔助者是大人的話，直接拉他的手掌即可。

（三）犬導法

　　是用導盲犬帶路。基本上，視覺障礙兒童不適用此法。

（四）杖行法

　　是利用手杖。比較傳統的手杖是白色的，尖端靠近地面處是紅色的。白色代表權威，也就是告訴他人我是盲人，有優先通過的權利。紅色表示警戒，即我是盲人請不要撞我。但是這種手杖攜帶不方便，目前使用較多的是摺疊式的手杖，進教室（房間）後可摺疊收好。

（五）科技輔助器材

　　例如雷射手杖、帽子，遇有障礙物會發出音波警示。

參考書目

李信成（民90）。〈眼睛異常觀測法〉。《育兒生活雜誌》，民國
　　90年2月，頁134。

杞昭安（民89）。〈視覺障礙者之教育〉。載於王文科主編，
　　《特殊教育導論》。台北市：心理出版社。

林寶貴（民86）。《語言障礙與矯治》。台北市：五南圖書公
　　司。

徐振傑（民90）。〈避免生出畸形兒〉。《嬰兒與母親月刊》，期
　　301，民國90年11月，頁160-164。

教育部（民95）。《身心障礙及資賦優異學生鑑定標準》。

愛盲簡訊（民90）。《淺談台灣點字與點字教科書問題》。財團
　　法人天主教福利會光鹽愛盲服務中心出版。

劉平寬（民70）。〈國旗到底是怎樣升上去的？〉。《婦女雜
　　誌》，民國70年3月，頁12。

劉信雄、王亦榮　林慶仁（民89）。《視覺障礙學生輔導手
　　冊》。教育部特殊小組主編。國立台南師範學院印製。

顏敏芳（民90）。〈嬰幼兒常見的眼睛疾病〉。《嬰兒與母親月
　　刊》，期301，民國90年11月，頁206-210。

第五章

聽覺障礙兒童

一、定義

　　根據特殊教育法第三條第二項第三款所稱聽覺障礙，指由於先天或後天原因，導致聽覺器官之構造缺損，或機能發生部分或全部之障礙，導致對聲音之聽取或辨識有困難者；其鑑定標準如下（教育部，民95）：

1. 接受自覺性純音聽力檢查後，其優耳語音頻率聽閾達二十五分貝以上者。
2. 無法接受前款自覺性純音聽力檢查時，以他覺性聽力檢查方式測定後認定者。

　　聽力障礙大致可分為兩類，一是全聾（deaf），一是重聽（hard of hearing）。依上述「機能發生部分或全部之障礙」，全聾應是全部障礙，重聽則應為部分障礙，導致對聲音的聽取或辨識有困難。上述所提優耳（better ear）指聽力較好的那隻耳朵。

　　重聽可分為：(1)輕度：優耳語音頻率聽閾達二十五到三十九分貝；(2)中度：優耳語音頻率聽閾達四十到五十九分；(3)重度：優耳語音頻率聽閾達六十到八十九分貝。全聾也分二種：(1)完全聽不到；(2)優耳語音頻率聽閾達九十分貝以上，還是可以感受到一些聲音，例如鞭炮聲、飛機起降聲、炮彈爆炸聲、挖土機挖馬路的聲音等，這些聲音通常超過九十分貝以上，他們可有些許音感，但可能無法聽清楚。

二、聽力測驗

　　由**圖5-1**顯示：Y軸爲音量（dB爲decibel之簡寫，爲計算音量的單位），表聲音損失的程度。X軸爲頻率（Hz，爲hertz之簡寫），表音調的高低，左邊是低頻，右邊是高頻。有些障礙者是低頻率損失嚴重，有些是高頻率損失嚴重，也有低、中、高三種頻率損失差不多。爲客觀起見目前聽力檢查採取500、1000及2000三種頻率的平均值，以了解聽力損失的情形。計算公式爲(a+b+c)/3或(a+2b+c)/4，a=500Hz，b=1000Hz，c=2000Hz（許澤銘，民68）。例如某兒童在500Hz的聽力損失爲30dB，在1000Hz的聽力損失爲40dB，在2000Hz的聽力損失爲50dB，所以此人的聽力損失dB=(30+40+50)/3=40，屬中度聽力障礙，高頻率的聲

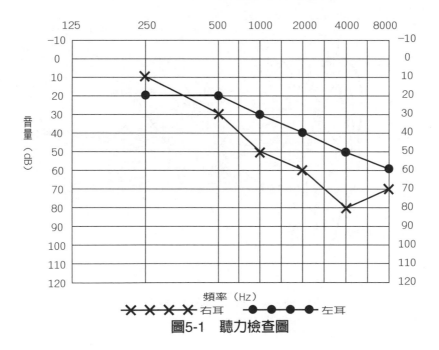

圖5-1　聽力檢查圖

音較聽不清楚。

三、原因及種類

聽覺器官負責接收與理解聲音。其構造包括外耳、中耳、內耳、聽神經及聽中樞（圖5-2）。外耳的主要功能為收集聲波，中耳的主要功能為擴大音壓，內耳的主要功能為將音波轉為神經脈衝，聽神經的主要功能為傳遞神經脈衝，聽中樞的主要功能為了解聲音的意義。聽覺器官的任何一個部位受到損傷，都將影響聽覺，造成程度不等的聽覺障礙（張蓓莉、王麗美，民89）。

從發生的原因來探討，聽覺障礙的種類可分為：(1)傳導性聽障；(2)感音性聽障；(3)混合型聽障。說明如下：

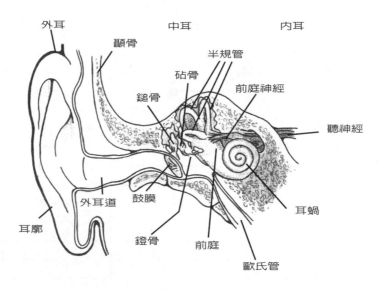

圖5-2　耳朵的基本構造

（一）傳導性聽障

外耳道阻塞

由於耳垢或異物的積存，及先天性畸形，所導致的外耳變形或耳道狹窄，影響聲音的傳導（如小耳症）。此項障礙可藉由異物清除，或整型手術，恢復聽覺靈敏度（胡永崇，民89）。目前兒童出現較多的症狀是耳垢積存。

小耳症的兒童常因耳道欠缺，而阻擋了聲波的傳導，使中耳腔及聽小骨無法發揮它們的功能；而畸形較為嚴重的，則包括中耳腔及聽小骨亦發育不全，更加深傳導上的困難，因而導致聽覺障礙（羅慧夫顱顏基金會，民90）。

歐氏管阻塞

歐氏管（eustachian tube，或稱耳咽管）較容易出問題的是積水，歐氏管通到鼻子和嘴巴，感冒流鼻涕，可能會使歐氏管積水，引發中耳炎。由於發炎，導致歐氏管阻塞，引起中耳腔裡的氣壓與外界氣壓不平衡，使鼓膜及聽小骨的連鎖失去傳導能力（胡永崇，民89），如此造成聽力的損失。

中耳炎（otitis media）

中耳的發炎病變常發生在感冒之後，或耳朵進水（洗澡、游泳遇鼓膜破裂時），中耳在積水時細菌會對鼓膜及聽小骨造成損傷，因而導致聽覺障礙。

耳硬化症

耳硬化症（otosckerosis）是耳骨硬化，以至於音波無法有效傳導，造成聽覺障礙。

聽小骨鏈折斷

三個聽小骨鏈折斷，亦即鎚骨、砧骨和鐙骨之間的「鏈」無法連接，造成音波無法傳導，成為聽覺障礙。

傳導性聽障大都能以醫藥或手術治癒或減輕，否則可使用助聽器，效果大都不錯。

(二) 感音性聽障

遺傳、基因

據估計，約有30％至50％的聽覺障礙兒童，其障礙原因為顯性與隱性遺傳或先天性基因因素所致（Heward, 1996；引自胡永崇，民89）。

病毒感染

例如腦炎、腦膜炎、麻疹、腮腺炎、感冒的病毒侵犯聽神經，造成聽力損失。

藥物中毒

1.抗生素：感冒太久吃了太多的抗生素會影響聽力。
2.奎寧：是一種治療瘧疾的藥，孕婦吃了可能會使胎兒聽力受損。
3.鏈黴素：會引起胎兒的聽力缺損（朱繼璋，民90）。

產前和生產因素

1.德國麻疹：孕婦若感染德國麻疹，可能會造成嬰兒聽力障礙。
2.早產兒：早產兒的問題很多，本書所提各種障礙幾乎都可

能產生，例如智能障礙、聽覺障礙、發展遲緩……。

3.母子血液因子不合：即母親與胎兒的Rh因子，一為陽性，一為陰性。

4.生產時胎兒缺氧：如此會破壞聽覺中樞，導致聽障。

美尼爾氏症

美尼爾氏症（Meniere's syndrome）又稱眩暈症，為一種自律神經失調所導致的疾病，通常起因於中樞神經活動過度緊張，常常會感到頭暈，嚴重時就像坐雲霄飛車，天旋地轉，令患者感到恐懼。

長期處於噪音環境

在此特別強調的是噪音環境，目前有許多職業可能會造成聽力障礙，例如飛行員、機場地勤人員，每天都在聽高頻率的飛機聲音，長久下來會造成聽力障礙的機率較大。住在機場附近的居民也是一樣，長期受到高頻率噪音的傷害。還有公車司機、紡織工廠的工人、軍隊的炮兵、修馬路的工人……長期處於充滿噪音的環境，往後都有可能造成聽力障礙。

長期處於水中

例如潛水夫，可能因為水壓的問題造成聽障。

頭部外傷

例如車禍、由高處摔下造成頭部外傷，傷到腦部聽覺中樞而形成聽力障礙。

心理因素

例如壓力過大，此種情況稱為「心因性耳聾」，不過這種情

況較少。

　　兒童若聽覺神經系統有問題，應立刻就醫；若治療後仍有弱聽或內耳受損，應配戴助聽器，嚴重者可考慮裝置人工電子耳。

（三）混合型聽障

　　即兒童同時具有傳導性聽覺障礙及感音性聽覺障礙。

四、身心特質

（一）語言的特徵

閱讀理解能力

　　聽覺障礙兒童由於缺乏說話的經驗與聽覺的回饋，其閱讀理解能力較一般學生差。也就是說沒有說話的能力，和聽不到聲音。

說話或語音能力

　　即使是先天聽覺障礙嬰兒，仍與一般聽力正常嬰兒一樣，具有喃語期（babbling stage），但很快地即會因缺乏聽覺回饋而失去喃語的現象（Stoel-Gammon & Otomo, 1986）。一般的嬰幼兒聽到自已的聲音會笑出來，這就是對自己正向的回饋。而聽力障礙的嬰幼兒雖然也有喃語，但自己聽不到，得不到回饋，在學習語言上也產生了障礙（胡永崇，民89）。以前的人常說聾子就是啞巴或十聾九啞，現在已經改觀了。由於我們要先聽到

聲音然後才能學講話，聽力障礙兒童現在可藉由助聽器，聽到聲音學習講話。目前我國的啓聰學校也在進行口語教學。不過，無論是國內外的研究，均發現聽覺障礙學生的語言能力明顯低於耳聰同儕（張蓓莉、王麗美，民89）。

寫作能力

聽覺障礙學生由於受到手語特殊語法語序的影響，及缺乏適當的說話與語言知識，通常具有以下的寫作特徵（胡永崇，民89）：

1. 比一般兒童的作文簡短。
2. 「讀書」寫成「書讀」，將「趕快排隊」寫成「排隊趕快」。
3. 抽象詞彙的困難，例如「犧牲」、「奮鬥」的詞彙皆不易適當應用。
4. 論說文的寫作較敘述文困難。
5. 難以適當使用助詞或虛字。
6. 缺乏適當的語用知識（pragmatic knowledge），例如，可能將「王先生長得很英俊」寫成「王先生長得很美麗」。

造成上述的原因，是因爲手語是先比書再比讀，先比排隊再比趕快，英俊和美麗的比法是一樣的。而犧牲、奮鬥無法比，通常都用寫的。

（二）學業學習的特徵

聽覺障礙兒童常因聽不清楚或聽不見老師或父母的教導，以致成績低落。

（三）人格情緒與社會適應

聽覺障礙兒童在人格量表的表現，常有固執性、自我中心、缺乏自我控制、衝動性、挫折容忍力較低，與易受他人暗示等人格特性（Kirk, Gallagher, & Anastasiow, 2000）。另外，由於溝通障礙，不但無法與一般人建立適當的關係，且易與人產生誤解（胡永崇，民89）；不過，歸納相關的研究可以發現，溝通能力及周圍聽人（尤其是父母、教師及其他家人），對聽障兒童的接納態度是影響聽障兒童人格發展之重要因素（張蓓莉、王麗美，民89）。

聾文化（the deaf culture）指聾人群聚結合所形成的特殊文化現象，聾文化的形成，可能與以下因素有關（胡永崇，民89）：

1. 聾人與一般人之間溝通困難，但聾人彼此之間，則可輕易溝通。
2. 聾人彼此的相處，較有安全感。
3. 為爭取自己的權益，促使聾人相互結合。
4. 聾人以聾人為結婚對象的比率甚高。

聾人聽不到聲音，而一般人不懂手語，形成溝通障礙，久而久之就互相不喜歡交談了。也因為聽不到聲音，不知旁人在說什麼，所以沒有安全感。

（四）認知功能的特徵

一些和聽覺有關的認知較差，例如電話聲、鳥叫聲、汽車聲，由於他們無法聽到或聽不清楚，學習成果較差。例如一般

幼兒醒來，聽到母親從別的房間傳來的說話聲，就會以哭聲要求母親來抱他，而聽力障礙兒童則沒有辦法。他們必須用眼睛看到了母親，才知道母親就在附近。

（五）心智能力

以前有關聽覺障礙兒童心智能力之研究結論，多半認定聽障兒童智力不如耳聰者，但1970年以後的研究報告指出，選用聽覺障礙兒童適用之測驗工具（操作性或非語文認知測驗），確定施測者與聽覺障礙兒童溝通無障礙後，所得之研究結果是，聽障兒童之心智能力與耳聰兒童並無明顯差異（張蓓莉、王麗美，民89）。

五、教育策略

（一）提供早期教育經驗

期能做到早期發現，早期療育。例如有些醫院對嬰幼兒做聽力篩檢，發現有聽力障礙嬰幼兒時，就可提早治療或實施必要的措施，將有利於早期教育經驗。

（二）聽力障礙兒童父母的指導，也就是親職教育

態度與方法

在態度上不要「可憐」這些孩子，1981國際殘障年有一個口號是「別可憐我，請教育我」，我們應該重視聽力障礙兒童的

學習，不是可憐他們。而教育的方法也很重要，父母應當學習如何教導孩子。

親子溝通

父母若未學手語，親子溝通會有困難，所以父母必須和小孩一起學手語，這樣小孩回到家中才有辦法繼續和父母溝通。

心理及行為問題的輔導

聽障的小孩易有心理上及行為上的問題，父母親應該學習如何輔導這些小朋友。

支持與協助教育

支持指情緒上的支持。當一個父母知道自己的小孩有障礙時，會感到非常的無奈、挫折，此時就需要周圍的人給予精神上和情緒上的支持及協助教育這個兒童。

（三）助聽器檢查與保養的指導

助聽器是很精密的儀器，若使用不當，一方面可能會使聽力障礙的情況更嚴重，一方面也可能聽力障礙兒童不願再配戴。所以要教導孩子如何適當使用助聽器，例如大小聲調節、不可放在潮濕處等等。

（四）普通班教師在教學上的配合

我們現在強調的是融合教育，聽力障礙的兒童可能在普通班上課，所以需要普通班老師的配合，例如：

1.老師多在黑板上寫字，因為他們的視力沒有問題，若聽不清楚老師的聲音，可以藉由看板書增進對上課內容的了

解。

2.座位的安排：若班上有聽力障礙的學童，儘量安排他們坐在最前面。優點是：(1)較能聽到老師的聲音；(2)可以讀唇；(3)可以看到老師的表情和肢體語言。

3.降低噪音。

4.多發講義。

5.老師上課時，可以多一點手勢和面部表情，如此能使聽障學生更了解老師上課的內容。

六、特殊訓練課程

（一）感覺訓練

指聽覺以外的感覺訓練，即視覺、味覺、嗅覺、觸覺等感覺。我們在學習事物時，基本上要利用這五官，但聽力障礙兒童在使用聽力學習上可能有困難，因此其他的學習管道，如視覺、味覺、嗅覺、觸覺就顯得相當的重要。所以我們要儘量訓練聽力障礙兒童的其他感官。以視覺為例，聽力障礙兒童可藉由讀唇來了解老師所說的話。

（二）讀話（讀唇）

是用眼睛看對方的嘴形變化來讀話，唯此種方法對同音字的辨識較感困難，因此老師上課時說話要儘量放慢點，千萬不要背對學生講話，最好加上表情和肢體動作，以幫助聽力障礙兒童理解。

（三）說話

前已述及聾子就是啞巴的觀念是錯的。聽力障礙兒童的發音器官並沒有問題，所以沒有理由說他們不會說話。只要給予訓練，聽覺障礙兒童仍有許多會講話的。

（四）聽能訓練

是對重聽兒童施予聽能訓練，重聽兒童還有殘存聽力（residual hearing），若加以訓練的話可以聽得更好。例如聽到鳥叫聲時，他可能聽得不是很清楚，若告訴他這是鳥叫聲，以後他再聽到時就知道這是什麼聲音了。透過聽能訓練，他們可以聽懂更多聲音。

七、溝通法

聽障兒童之溝通方式大致可分為三大類，以下簡略說明之（張蓓莉、王麗美，民89）：

（一）口語

此為1880年以後廣被推薦的聽障者溝通方式。這種方法主要是教聽障者利用殘存聽力及讀話能力了解外來的訊息，再利用視覺、觸覺及殘存聽力學習說話表達自己的想法。這種溝通方法除了是肯定聽障者可以學會說話外，更著眼於耳聰世界是語音的社會，為求更能適應，並且期盼培養更好的語言能力，所以鼓勵聽障者學習口語。一百多年來的經驗指出，學習口語

溝通法的必要條件是：早期發現，配戴合適之助聽器，或裝置人工電子耳，接受密集且有系統的聽能、讀話及說話訓練，良好的口語環境，聽障者智力正常，無其他顯著障礙者。

（二）手語

是將語音化為手勢，再加上面部表情，或肢體動作的一種語言，語言學家已經承認手語是一種語言，因為它有特定的形式（手形、句子的結構）及語意。世界各國的手語不盡相同，往往一國之內還有不同的手語。對聽覺障礙者而言，學手語不難，很快的就可以用之與了解手語者溝通，就如耳聰者學會聽、說一樣。

（三）綜合溝通

手語、口語都各有利弊，單獨使用似乎都不能完全滿足聽障者溝通的需要。1968年一位聾教師也是兩個聽障孩子的父親Roy Holcomb開始倡導合併使用口語及手語。他認為失聰者有權利用各種管道作為溝通工具。教師在與聽障學生溝通時沒有必要限制學生只能由聽、讀話，或手語接收訊息，而是應該充分利用聲音、唇形，及手語將訊息傳給聽障學生，因為在溝通的過程中，聽覺、視覺是相輔相成的。百多年來，啟聰教育界的口、手語之爭沒有具體結果，因此當綜合溝通被提出之後，相當受到肯定，目前已是世界各國啟聰教育界的主要溝通模式。嚴格的說，綜合溝通只是一種原則，要求與聽障學生溝通時，利用有系統之手語（非肢體語言而已）及口語，甚或筆談。反之，聽障學生若能同時學會口語、手語及筆談方式，亦即建立多元溝通的能力，則更能將障礙減到最低，甚至完全沒有障礙。

參考書目

朱繼璋（民90）。〈孕婦用藥安全〉。《嬰兒與母親月刊》，期298，民國90年8月，頁208-211。

胡永崇（民89）。〈聽覺障礙者之教育〉。載於王文科主編，《特殊教育導論》，頁95-146。台北市：心理出版社。

教育部（民95）。《身心障礙及資賦優異學生鑑定標準》。

張蓓莉、王麗美（民89）。《聽覺障礙學生輔導手冊》。教育部特殊教育小組主編。國立台南師範學院印製。

許澤銘（民68）。《聽力保健學》。彰化縣：台灣省立教育學院特殊教育系。

羅慧夫顱顏基金會（民90）。〈小耳症的寶寶〉。《嬰兒與母親月刊》，期292，民國90年2月，頁219-221。

Heward, W. L. (1996). *Exceptional children: An introduction to special education* (5th ed.). Columbus: Merrill Publishing Company.

Kirk, S. A. , Gallagher, J. J. & Anastasiow, N. J. (2000). *Educating exceptional children*. Boston: Houghton Mifflin Company.

Stoel-Gammon, C. & Otomo, K. (1986). Babbling development of hearing-impaired and normally gearing subjects. *Journal of speech and hearing disorders,* 51, 33-41.

第六章

語言障礙兒童

一、語言相關系統

　　聲音的傳導經過外耳、中耳、內耳，由聽神經傳達到大腦，屬於聽感覺，是為語言相關系統的「輸入系統」。大腦左半球語言中樞接收到訊息後，產生聽知覺，理解所聽到的聲音是什麼意思。因此，兒童大腦左側顳葉區如受損時，會傷害說話與語文的能力（葉重新，民90），此一部分屬於語言相關系統的「整合系統」。咽喉、嘴唇、牙齒、舌頭等是我們講話所必備的器官，即構音器官，屬於語言相關系統的輸出系統。構音器官不同的統合變化會產生不同的聲音，有些人咽喉、嘴唇、牙齒出現問題，所以無法講話或講話讓人聽不清楚，語言相關的系統如**表**6-1。

表6-1　**語言的相關系統**

輸入系統	整合系統	輸出系統
中耳、內耳、聽神經	大腦左半球、語言中樞	構音器官 （咽、喉、唇、舌……）
聽感覺（聽到聲音）	知覺（理解）	製造聲音（語音）

二、定義

　　特殊教育法第三條第二項第四款所稱語言障礙，指語言理解或語言表達能力與同年齡者相較，有顯著偏差或遲緩現象，而造成溝通困難者（教育部，民95）。

由以上定義可知，語言障礙的兒童有語言理解的問題，也就是說，他人所講的話他不見得聽得懂，這種現象通常是語言中樞出了問題。還有語言表達有問題，也就是說他想講的話不一定可以完全的表達清楚，或講出來了別人不一定聽得懂。客觀的評量標準是和同年齡兒童比較，有顯著的偏差或遲緩的情形。

由觀察結果得知，下列兒童較易被鑑定爲語言障礙：

1.講話時容易引起別人的注意。

2.妨礙溝通：溝通是雙向的，一方面是他講的話別人聽不懂；二方面是別人講的話他無法理解。

三、種類

語言障礙的狀況及鑑定標準如下：

（一）構音障礙（articulation disorder）

所謂構音是指自胸腔呼出之氣流，經過聲帶的振動，再經唇、舌、顎、咽等構音器官的摩擦或阻斷等之動作，以發出聲音的過程（Thomas & Carmack, 1990）。構音障礙是指說話之語音有省略（omissions）、替代（substitutions）、添加（additions）、歪曲（distortions）、聲調錯誤或含糊不清等現象，並因而導致溝通困難者。說明如下：

1.省略：聲母、韻母或結合音被省掉，造成不正確的語言。

(1)聲母省略：例如ㄨㄥˇ　ㄩㄝˋ　ㄧㄤ　ㄨ　ㄨㄟˋ

指的是「孔雀香酥脆」。ㄟ　ㄧ　ㄟ　ㄤˋ　ㄧㄢ指的
是「飛機飛上天」，所有的聲母全被省略了。

(2)韻母省略：例如ㄅㄨˊ　ㄗㄨ講成ㄅㄨˊ　ㄗ。

(3)結合韻省略：例如ㄅㄧㄠˋ　ㄒㄧㄚˋ講成ㄅㄠˋ　
ㄒㄧㄚˋ。

2.替代：一個字的聲母或韻母被另一個聲母或韻母所取代，
造成不正確的語音。

(1)聲母替代：例如困難（ㄋㄢˊ）唸成（ㄌㄢˊ）；菜
（ㄘㄞˋ）發成（ㄙㄞˋ）的音。

(2)韻母替代：例如沒（ㄇㄟˊ）有唸成（ㄇㄡˊ）有。

3.歪曲音：係指無法說出正確的讀音。雖發出的音近似正
確，卻仍屬錯誤。例如在國語語音中，「ㄓ、ㄔ、ㄕ」與
「ㄗ、ㄘ、ㄙ」對許多人而言，常很難清楚區辨的現象
（李乙明，民89）。

4.添加音：在正確的語音上添加其他的音，例如吃（ㄔ）唸
成ㄔㄨ；師（ㄕ）唸成ㄕㄨ。

5.聲調錯誤：指國語的四聲運用錯誤。

6.含糊不清：如唇顎裂、聽覺障礙、腦性麻痺等兒童的咬字
不清晰，但無確定的錯誤構音（林寶貴，民86）。

（註：簡易構音測驗如本章最後附件）

構音異常的原因

1.構音器官協調不佳：如嘴唇、牙齒、舌頭在說話時，統合
有困難，造成發音不正確。例如：唇顎裂的兒童常會有構
音的問題。

2.構音器官發育尚未完全成熟：以國語三十七個注音符號而

言，在發音上有難易之分，簡單的三歲以前就可以正確的發音，較難的三歲以後才逐漸可以清楚的發音。根據王南梅等（民73）的研究，我國三到六歲幼兒國語語音發展的結構，發現有75%的幼兒在三歲就能發ㄅ、ㄆ、ㄇ、ㄊ、ㄋ、ㄌ、ㄍ、ㄎ、ㄏ、ㄑ、ㄗ、ㄒ、ㄘ、ㄙ、ㄈ等音，四歲則可發出ㄐ音；而ㄓ、ㄔ、ㄕ、ㄖ等音是在六歲以後才學會。又根據張正芬、鍾玉梅（民75）也有類似的發現，即有75%的幼兒在三歲就能發出ㄅ、ㄆ、ㄇ、ㄉ、ㄊ、ㄋ、ㄌ、ㄍ、ㄎ、ㄏ、ㄒ、ㄓ、ㄔ、ㄗ、ㄘ、ㄙ等音，四歲則發出ㄈ、ㄕ等音；ㄖ音是在六歲以後才學會。由以上的研究可以發現，兒童若有構音上的問題，有可能是發音器官發育尚未成熟之故。

構音異常的輔導

1. 聽辨力的訓練：例如將東西放在黑色袋子中撞擊出聲，讓兒童猜出是什麼東西，但要依兒童的年紀、智能來決定困難度。

2. 構音器官的練習：例如在嘴唇塗抹果醬做舌頭運動、用舌頭去頂兩頰、吹氣遊戲等。

3. 正確注音的習得：從小就要給兒童正確的注音發音練習及避免不必要的口頭禪。例如：不要故意說ㄘㄨ　ㄏㄨㄢˋ（吃飯）。

4. 學習遷移（類化）：即舉一反三，例如常和兒童玩文字接龍的遊戲，可以增加兒童練習同音字的機會。

5. 維持或習慣化：要經常練習，以免因時間過久而遺忘。

（二）聲音異常

聲音異常（voice disorders）是指說話之音質、音調、音量或共鳴與個人之性別或年齡不相稱，並因而導致溝通困難者，說明如下：

1. 音質異常（disorders of voice quality）：指聲音沙啞，或有顫抖音，或話講到一半失聲。
2. 音調異常（disorders of pitch）：音調是指聲音的頻率，習慣性的音調過高或過低、音調範圍太狹窄等。
3. 音量異常（disorders of intensity）：在一定距離內，聲音過大或過小。
4. 共鳴異常：鼻音過重（hypernasality）或鼻音不足。

（三）語暢異常

語暢異常（fluency disorders）是指說話之節律有明顯且不自主之重複、延長、中斷，首語難發或急促不清等現象者，說明如下：

1. 不自主的重複：指講話結結巴巴的，如口吃（stuttering）。
2. 延長：指講話時，句中有一兩字拉得特別長，例如，我們—去—上學。
3. 中斷：是講話時句子不該中斷而中斷，例如，我們去上—學。
4. 首語難發：講話時句子的第一個字很難發出來，如鯁在喉，只要第一個字發出來後，接下來就會較順暢。

5.急促不清：在呼吸很急促的情況下，說話會造成急促不清
　的現象。

（四）語言發展遲緩

　　語言發展遲緩（delayed language development）是指兒童之
語形、語意、語彙、語法、語用之發展，在語言理解或語言表
達方面，較同年齡者有明顯偏差或遲緩的現象者，分為兩類：

起步較晚

　　一般而言，幼兒的語言發展期分為：零至一歲是準備期，
一至一‧五歲是單字句期，一‧五至二歲是雙字進入多字句
期，二至二‧五歲是文法期，二‧五歲以後是複句期（黃志
成，民88）。有些兒童例如智能障礙或文化刺激太少，語言發展
通常會起步較晚，也就是到了一歲半或二歲，尚未進入單字
期，到了二、三歲才開始發單音。這是因為智能障礙的關係，
還有一種情況是語言刺激太少，父母很少和幼兒講話，缺乏語
言刺激，因為我們是先接收（聽）語言才會講。

進程較慢

　　語言發展的進程已如前述約每半年進一程。幼兒可能因為
智能障礙或刺激太少的關係，而出現例如一歲到二歲在單字
期，二歲到三歲雙字句期，四歲進入文法期，五歲才進入複句
期等進程較慢的情形。

四、原因

語言障礙的原因可分為下列幾點說明（林寶貴，民81）：

（一）構音異常的原因

1. 器質性構音異常：由於口、唇、舌、軟顎、硬顎、牙齒咬合等構音器官的構造、生理功能或神經系統方面的因素，無法正確地聽取或發出所有或部分的標準語。
2. 非器質性構音異常：如動作協調、語音聽辨力、聽覺記憶廣度、觸覺與運動覺、智力、閱讀能力與語言能力、父母教育程度、城鄉的環境文化刺激差距、缺乏語言刺激環境等因素所造成的錯誤構音現象。

（二）聲音異常的原因

1. 器質性聲音異常：常見的咽喉部疾病導致聲音異常，例如喉頭發炎、聲帶結節、聲帶瘜肉等。
2. 非器質性聲音異常：心理因素、性格、精神受刺激、不正確的發聲習慣，尤其是學童不當的濫用聲帶。

（三）語暢異常的原因

1. 器質性語暢異常：包括腦傷、輕微腦功能異常、大腦優勢分化不明顯、遺傳傾向等因素。
2. 非器質性語暢異常：如不當的模仿、環境因素、情緒上的壓力、焦慮、緊張等因素。

（四）語言發展異常的原因

1. 器質性語言發展異常：智能不足、聽覺障礙、中樞神經系統損傷（包括腦性麻痺、自閉症、輕微腦功能異常等）。
2. 非器質性語言發展異常：父母過度保護或忽略、語言學習環境不利、長期病弱、嬰兒期母子語言關係不足、聽取能力不充分、身心成熟速度緩慢、情緒障礙、聽覺記憶、聽覺分辨、聽覺聯想障礙、雙語或多語環境、缺乏學習機會與動機等因素。

五、身心特質

有關語言障礙兒童的身心特質說明如下：

（一）情緒

語言障礙的兒童可能因為發音不準確等原因，而受人譏笑，或有人學他們錯誤的發音，使他們有受辱的感覺，所以常有情緒不穩，如易生氣、忿怒、沮喪、焦慮的情形。

（二）社會

總體而言是社會適應困難，包括：

1. 誤會：因為講話有問題，所以他人容易聽錯而造成誤會，進而影響社會適應。
2. 敵意：因為常受人嘲笑，而對人懷有敵意。

3.人際關係差：例如可能因說話結結巴巴，他人不易了解，而不願和他交往。

（三）人格

語言障礙兒童的人格特質，最少有下列兩種情形：

1.自卑：會覺得自己沒有用，一無是處，連話都不會講或說話不清楚，而造成自卑感。
2.自貶：把自己貶得一文不值，自暴自棄。

（四）生理特徵

例如有時會有和口吃有關的氣喘病、兔唇、缺牙齒、舌頭太厚以及咽喉的問題。

（五）智能

一般而言，語言障礙兒童的智能比一般兒童低，論其原因可能有二，一為缺乏文化公平測驗，以至於他們在做智力測驗時，因聽或表達等不利因素造成智力較低。二為自小以來，因為語障的原因，影響對外在事物的學習，以致對智能的發展產生不利的影響。

（六）教育成就

語言障礙兒童的學校成績稍遜於正常兒童（林寶貴，民86），論其原因可能因聽或表達的缺陷影響學習成績。

六、診斷程序

診斷語言障礙兒童的程序可分下列幾點說明：

（一）個案的病例

1. *發展史*：例如出生時是順產或是難產，是自然產或是剖腹產，尤其要知道是不是早產，因為早產兒常有一些疾病，包括語言中樞或聽覺、構音器官的問題。
2. *家族狀況*：了解家族中與兒童有血緣關係的親人是否有語言障礙的病例，如果有的話，遺傳因素就大大的增加。再者，有可能文化刺激不足所導致。

（二）智力評量

目的在了解兒童的語言障礙是否是因智能障礙所引起，因為智能障礙兒童有語言障礙是很平常的。

（三）聽力評量

兒童若有聽力障礙的話，由於接收訊息有問題，造成兒童無法有效學習，就可能會有語言障礙。

（四）障礙評量

知悉兒童有哪一類或哪幾類的障礙。例如了解是聽力異常還是構音異常，亦或是兩者都有，以做為治療的依據。

（五）輔導或矯治計畫

　　根據障礙種類做輔導，比較簡單的矯正由父母親或老師就可輔導。若困難度高的則由醫院復健科的語言治療師來負責治療。

七、教育安置

　　林寶貴和錡寶香（民89）認為，語言障礙兒童的安置原則如下：

1.輕中度障礙者：於一般學校之普通班、資源班就學。
2.重度障礙者：於一般學校之資源班或特殊教育班就學。
3.極重度及多重障礙者：以其主要類別為安置原則。

　　目前我國對語言障礙兒童的安置，通常有下列兩種：

1.普通班：目前語言障礙的兒童大部分都在普通班就讀。但普通班教師通常缺乏輔導語言障礙兒童的知能，因此，有必要加強普通班教師的語言輔導技能。
2.資源班：語言障礙兒童平時在普通班上課，每週利用幾節課的時間抽離到資源班去接受語言治療或課業輔導。

參考書目

王南梅、黃佩妮、黃恂、陳靜文（民73）。〈三歲至六歲學齡前兒童國語語音發展結構〉。《聽語會刊》，期1，頁10-12。

李乙明（民89）。〈溝通障礙〉。載於王文科主編，《特殊教育導論》。台北市：心理出版社。

林寶貴（民81）。《語言障礙兒童輔導手冊》。教育部第二次全國特殊兒童普查工作執行小組發行。

林寶貴（民86）。《語言障礙與矯治》。台北市：五南出版公司。

林寶貴、錡寶香（民89）。《語言障礙學生輔導手冊》。教育部特殊教育小組主編。

張正芬、鍾玉梅（民75）。〈學前兒童語言發展量表之修訂及其相關因素研究〉。《特殊教育研究學刊》，期2，頁37-52。

教育部（民95）。身心障礙及資賦優異鑑定標準。

葉重新（民90）。《心理學》。台北市：心理出版社。

黃志成（民88）。《幼兒保育概論》。台北市：揚智文化。

Thomas, P. J. & Carmack, F. F. (1990). *Speech and language.* Needham Height, MA: Allyn & Bacon.

附件　簡易構音測驗

使用說明：主試者依照各題所列之文字（或數字、句子）唸一遍，例如：「爸爸」，讓受試者也唸一遍，若有唸不清楚或主試者聽不清楚的情況下，主試者可再重複唸一遍，讓受試者模仿唸一遍，若受試者會正確的唸出時，表示發音沒問題，但若受試者唸錯、唸不清楚或不會唸時，即可將之記錄在「橫線」上，測驗完後即可知道受試者有哪些音發音有問題，可做為治療的依據。

構音測驗

姓名_____　年齡___歲___月　性別___　測驗日期_____

一、聲母

ㄅ	爸爸	報紙	奔跑_____	ㄐ	家人	急忙	結果_____
ㄆ	婆婆	炮竹	朋友_____	ㄑ	輕重	泉水	圈套_____
ㄇ	媽媽	梅花	貓咪_____	ㄒ	下雨	鞋子	學生_____
ㄈ	父親	房屋	帆船_____	ㄓ	知道	找尋	鐘錶_____
ㄉ	弟弟	袋子	導師_____	ㄔ	吃飯	出去	城堡_____
ㄊ	颱風	毯子	湯麵_____	ㄕ	時間	數學	少數_____
ㄋ	奶奶	腦袋	男生_____	ㄖ	日出	肉鬆	讓步_____
ㄌ	垃圾	蘭花	喇叭_____	ㄗ	資料	走路	讚美_____
ㄍ	哥哥	稿紙	瓜果_____	ㄘ	草地	粗細	催眠_____

ㄎ 科目 哭泣 魁梧＿＿＿＿　ㄙ 飼料 速食 酸甜＿＿＿＿
ㄏ 忽然 哈欠 喉嚨＿＿＿＿

二、韻母

ㄚ 牙齒 娃娃 法國＿＿＿＿　ㄢ 安全 玩具 饅頭＿＿＿＿
ㄛ 破壞 茉莉 玻璃＿＿＿＿　ㄣ 恩人 噴水 珍珠＿＿＿＿
ㄜ 鵝毛 喝水 射箭＿＿＿＿　ㄤ 骯髒 螃蟹 長寬＿＿＿＿
ㄝ 爺爺 葉子 階梯＿＿＿＿　ㄥ 風雨 城牆 勝利＿＿＿＿
ㄞ 哀傷 白色 買賣＿＿＿＿　ㄦ 兒女 耳朵 貳心＿＿＿＿
ㄟ 妹妹 被子 飛機＿＿＿＿　一 衣服 披風 米飯＿＿＿＿
ㄠ 凹凸 帽子 道德＿＿＿＿　ㄨ 烏黑 部首 母親＿＿＿＿
ㄡ 臭味 後面 歐洲＿＿＿＿　ㄩ 雨天 漁夫 寓言＿＿＿＿

三、結合韻

一ㄚ 鴨子 家庭 夏天＿＿＿＿　ㄨㄛ 窩心 握手 我們＿＿＿＿
一ㄛ 唷啊 唷呀 ＿＿＿＿　ㄨㄞ 歪斜 外面 乖巧＿＿＿＿
一ㄝ 葉子 也是 椰果＿＿＿＿　ㄨㄟ 位置 微小 偉人＿＿＿＿
一ㄞ 山崖 ＿＿＿＿　ㄨㄢ 彎曲 萬歲 碗盤＿＿＿＿
一ㄠ 邀請 藥物 搖晃＿＿＿＿　ㄨㄣ 問題 穩定 文章＿＿＿＿
一ㄡ 優秀 幼小 游泳＿＿＿＿　ㄨㄥ 嗡嗡 鐘錶 聰明＿＿＿＿
一ㄢ 淹水 燕子 研究＿＿＿＿　ㄩㄝ 月亮 決定 確實＿＿＿＿
一ㄣ 因為 飲水 印章＿＿＿＿　ㄩㄢ 冤枉 願望 圓圈＿＿＿＿
一ㄤ 樣子 央求 氧氣＿＿＿＿　ㄩㄣ 暈車 雲朵 運用＿＿＿＿
一ㄥ 英明 應用 歡迎＿＿＿＿　ㄩㄥ 擁戴 用處 平庸＿＿＿＿

四、數目

1_____	2_____	3_____	4_____	5_____
6_____	7_____	8_____	9_____	10_____
11_____	12_____	13_____	14_____	15_____
16_____	17_____	18_____	19_____	20_____

五、句子

1.爸爸愛喝可口可樂。

_____

2.妹妹背著洋娃娃。

_____

3.三隻小豬的故事　。

_____

4.我喜歡溜滑梯和盪鞦韆。

_____

5.哥哥愛吃糖果。

_____

六、診斷

_____

_____

_____

_____

_____

第七章

肢體障礙兒童

一、定義

　　特殊教育法第三條第二項第五款所稱肢體障礙（the ortho-
pedically impaired），指上肢、下肢或軀幹之機能有部分或全部
障礙，致影響學習者；其鑑定基準依行政院衛生署所訂「身心
障礙等級」中所列肢體障礙之標準（教育部，民95）。

　　至於行政院衛生署所訂之身心障礙等級（民91）說明如
下：

（一）上肢

　1.重度：(1)兩上肢之機能全廢者。

　　　　　(2)兩上肢由腕關節以上欠缺者。

　2.中度：(1)兩上肢機能顯著障礙者。

　　　　　(2)一上肢機能全廢者。

　　　　　(3)兩上肢大拇指及食指欠缺或機能全廢者。

　　　　　(4)一上肢的上臂二分之一以上欠缺者。

　3.輕度：(1)一上肢機能顯著障礙者。

　　　　　(2)上肢的肩關節或肘關節、腕關節其中任何一關
　　　　　　　節機能全廢者，或有顯著障礙者。

　　　　　(3)一上肢的拇指及食指欠缺或機能全廢者，或有
　　　　　　　顯著障礙者。

　　　　　(4)一上肢三指欠缺或機能全廢或顯著障礙，其中
　　　　　　　包括拇指或食指者。

　　　　　(5)兩上肢姆指機能有顯著障礙者。

（二）下肢

1.重度：(1)兩下肢的機能全廢者。

(2)兩下肢自大腿二分之一以上欠缺者。

2.中度：(1)兩下肢的機能顯著障礙者。

(2)兩下肢自踝關節以上欠缺者。

(3)一下肢自膝關節以上欠缺者。

(4)一下肢的機能全廢者。

3.輕度：(1)一下肢自踝關節以上欠缺者。

(2)一下肢的機能顯著障礙者。

(3)兩下肢的全部腳趾欠缺或機能全廢者。

(4)一下肢的股關節或膝關節的機能全廢或有顯著
障礙者。

(5)一下肢與健全側比較時短少五公分以上或十五
分之一以上者。

（三）軀幹

1.重度：因軀幹之機能障礙而無法坐立者。

2.中度：因軀幹之機能障礙而致站立困難者。

3.輕度：因軀幹之機能障礙而致步行困難者。

（四）四肢

極重度：四肢的機能全廢者。

以上所指上肢機能障礙有全手障礙，也有從上臂部、肘
部、手掌或指頭殘缺的。下肢障礙有全腿、膝蓋以下、腳踝或

腳指頭等。軀幹如無法坐立，以特殊教育的觀點，最重要的是導致影響學習者。也就是無法和正常小朋友在相同情境下一樣正常的學習，所以需要特殊教育。

二、可能形成原因

我國古代的「五刑」——墨、劓、荊、宮、大辟，其中的「荊」刑是把犯人的雙腳砍斷，無疑地成了肢體殘障者。此外，起源於商朝，強行於五代，強制於清朝的「纏足」風俗，幾乎把中國女性都變成了肢體殘障者，幸好清末外國傳教士來到中國，推行「天足運動」，中國維新之士——康有為、梁啟超、秋瑾也大聲呼籲改革，逐漸讓中國女性揚棄了「裹腳布」，避免日後的女性再繼續的讓雙腳不良於行。然而，在現今的時空之下，哪些情況又會造成肢體障礙者呢？

肢體障礙兒童可能形成的原因可分下列三點說明：

（一）先天畸形或殘缺

遺傳

精細胞或卵細胞的染色體帶有畸形之基因，可能會生出畸形的下一代。

母胎內環境

母親在懷孕期罹患德國麻疹、梅毒，或放射線照射劑量過多或次數過多。

胎兒發育缺損

例如肢體手腳短缺。以1957年西德所製的鎮靜劑——沙利竇邁度（Thalidomide）為例，孕婦為了要防止噁心、嘔吐而易入睡，服用後就可能產生了雙臂較短的海豹肢症（phocomelia），據統計，該藥從出廠到1961年被禁，首當其衝的西德，在四年之間據非正式統計約出現六千人，英國約八百人，日本約三百五十人，我國約三十八名病例（李聖隆，民70）。所以懷孕期用藥要特別小心。而目前事後避孕丸的藥性很強，目的在殺死受精卵，所以對受精卵傷害極大，若未被殺死，可能造成胎兒的殘缺。

臍帶繞頸

會造成胎兒窒息或難產，腦部缺氧導致腦性麻痺（林鴻基，民90）。

（二）後天原因病變

中樞神經病變

一般指的是腦性麻痺（cerebral palsy）。若腦部出現病變即可能造成腦性麻痺。而腦性麻痺的兒童通常有三種障礙：

1. 肢體障礙：常見的肢體障礙部位有六種，即單肢麻痺、半身麻痺、下肢麻痺、四肢麻痺、三肢麻痺、下肢重度麻痺（許天威，民89）。
2. 語言障礙：部分腦性麻痺患者附帶有語言障礙。
3. 智能障礙：部分腦性麻痺患者附帶有智能障礙。

周邊神經病變

1. 小兒麻痺：最具代表性的是小兒麻痺，學名爲脊髓灰質炎（poliomyelities），是一種會傳染的骨髓炎，病毒經由患者之糞便或口咽分泌物，如唾液或噴嚏等而傳染。通常使手腳萎縮、肌肉無力。小兒麻痺目前在台灣已絕跡。小兒麻痺症是病毒性疾病，沒有藥物可以治療，只能作預防的措施。使用的預防疫苗以口服沙賓疫苗居多。因爲沙賓疫苗是活菌減毒疫苗，約每使用二百萬劑會出現一個小兒麻痺患者。故目前美國建議注射沙克疫苗，因其含「不活化（死的）」小兒麻痺病毒，所以絕不可能導致小兒麻痺症。

台灣！根除小兒麻痺

　　世界衛生組織於民國89年10月29日在日本京都召開的大會中，宣布西太平洋地區全面根除小兒麻痺。但由於我非世界衛生組織會員，讓台灣十幾年來的防治成果，在世界公共衛生舞台上「有實無名」。台灣的小兒麻痺防疫史可回溯自民國44年衛生署正式將小兒麻痺列入傳染症報告開始。民國53年起接種沙克疫苗，民國55年改爲全部口服沙賓疫苗後，病例逐年減少。民國71年原本在台灣幾乎已經絕跡的小兒麻痺症，突然爆發全國大流行，統計這一波小兒麻痺通報病例達一千零四十二例，當中九十八人死亡，經分析發現，高達六成六以上的個案，沒有接種疫苗，另有極高比例的個案，則因接種不完全仍遭感

染，為避免悲劇重演，衛生署立即修正小兒麻痺疫苗預防接種計畫，要求所有幼兒必須完成五劑完整接種流程，以確保免疫，小兒麻痺症病例自此銳減。自民國73年起，台灣已經沒有野生株病毒引起之「小兒麻痺症」，自民國81年至今台灣均無確定病例報告，已達根除標準。然而，即使列為小兒麻痺症根除國家，現行口服沙賓疫苗政策仍不變，國人不可貿然停止服用小兒麻痺疫苗，因為世界還有許多國家，未列入小兒麻痺症根除國，旅遊、經商仍有機會感染，使用疫苗，還是最方便的保護染病之方法。

資料來源：甦聲雜誌，民90。

2.坐骨神經麻痺：打針是造成的主因，例如打臀部傷到中樞神經。

肌肉病變

例如因肌肉萎縮退化而無法提重物，上下樓梯無力，由坐姿或臥姿要起身時感到困難，步行不穩健，終至肌肉無力而必須拄拐杖或坐輪椅。

骨骼關節性病變

例如關節炎、骨骼腫瘤造成肢體障礙。

（三）外傷

1.中樞神經：例如車禍外傷、兒童從樓梯摔下大腦受傷，都可能造成中樞神經受傷。
2.周邊神經：例如外傷性神經斷裂、刀傷等。

3.肌肉病變：例如手部肌腱遭割傷造成肌腱斷裂。

4.骨骼關節性病變：例如骨折。

5.截肢：上肢或下肢因故（如車禍）而被截掉。

三、身心特質

肢體障礙的兒童，由於肢體活動會有一些限制，故也發展出一些獨特的身心特質，說明如下：

（一）孤立狀態

1.行動空間的孤立：因為行動不自由，加上無障礙的交通環境做得不夠完善，到許多地方都不方便，造成行動空間的孤立。

2.心理空間的孤立：即自我封閉。通常會有自卑感，不願主動與他人交往，覺得別人會歧視他。

3.別人對他的孤立：當同儕一起遊玩時，動作較慢或不便者，可能遭到排斥。

（二）自我貶值

是因自卑所引起的自貶。基本上一般肢體障礙兒童或多或少都有自卑感。若未得到適當的輔導，自卑的情況會加重，而致產生自貶的情況。

（三）對前途的憂慮

1.對身體的憂慮：肢體障礙兒童可能因本身機能的損傷、行

動不便而缺乏運動，影響身體健康。或自身的缺陷疼痛而對自己的健康感到憂慮。

　　2.對前途憂慮：可能因在學校中的學習比一般兒童不順利、功課較差，而對未來憂慮。

（四）敏感

　　例如有人看他一眼，就懷疑別人在嘲笑他的肢障。

（五）社會適應

　　可能因為自卑自憐或他人的態度而影響其社會適應。

（六）智力

　　原則上肢體障礙兒童的智力正常，唯部分腦性麻痺兒童附帶有智能、認知功能障礙。

（七）溝通能力

　　原則上肢體障礙兒童沒有溝通能力的問題，唯部分腦性麻痺兒童附帶有語言障礙。

四、教育安置

　　目前我國對肢體障礙兒童的安置方式大約可分下列幾種情形：

（一）特殊學校

目前全國特殊學校只有國立彰化仁愛學校一所，設有國民中、小學及高職部，主要收肢體障礙學生。這所學校原本主要收小兒麻痺的學童，近年來由於小兒麻痺已絕跡，故轉型收腦性麻痺學童。學校中的老師對肢體障礙生的身心特質、教學方法大都有專業素養，而硬體設備方面也相當好，例如備有各類復健器材。最值得一提的是全校皆為無障礙空間設計。

（二）特殊班

即啟仁班。理念上介於特殊學校和普通班之間，優缺點也介於兩者之間。設立的目的主要在彌補特殊學校無法廣為設置的缺點，同時也算是部分回歸主流。

（三）資源班

兒童平時在普通班上課，每週固定時間到資源班做學業輔導等，也會有老師幫忙作復健。

（四）醫院附設的特殊班

例如台北振興醫院，無論成人或兒童的復健都做得非常好。因為復健工作所需的時間相當長，常常長達數月之久，會影響兒童的學業，因此在醫院中附設特殊班，可讓肢體障礙兒童一邊復健，一邊讀書，不致荒廢課業。

（五）在家教育

重度或極重度肢體障礙兒童，可能因為行動不便或學校中

無法提供相關設施，而無法到校上課。所以申請在家教育，由學校派老師到家裡上課。

（六）普通班

或稱混合教育，即輕度肢體障礙兒童與肢體健全的兒童一起上課，學校行政單位依無障礙環境的理念，給予安排班級教室的地點，以及提供各種設備（王亦榮，民88）。

五、特殊教育領域

肢體障礙學生除了上一般學生所需的課程外，更需要加強下列課程的教育：

（一）機能訓練

物理治療（physical therapy）

1.運動治療：讓手腳軀幹能活動自如，例如不良於行作走路訓練。也包括粗細動作訓練，例如活動手臂。

2.雷射、超音波：例如醫院以雷射、超音波來促進血液循環，改善腰痠背痛。

3.水療：讓肢體障礙兒童在活動的熱水中浸泡，利用水的壓力、浮力、阻力按摩皮膚，促進循環。

職能治療（occupational therapy）

職能治療師會透過日常活動及遊戲，來促進孩童各種能力的發展，並且訓練孩童從事日常活動的技巧與能力；同時也會

指導家長或老師在居家生活或學校生活情境中，提升孩童能力發展的方法、技巧或原則（王天苗，民92）。

語言治療（speech therapy）

最主要是針對腦性麻痺附帶有語言障礙的兒童。

（二）學業輔導

肢體障礙兒童可能因自身的障礙而影響學習，所以我們應儘可能加以輔導，使其學業成就不至於落後。

（三）生活輔導

1. 保健教育：因為肢體有障礙，身體狀況不佳，無法與一般兒童一樣跑跑跳跳或運動不足而影響健康。也可能因為本身的障礙而有病痛，所以應給他們一些保健教育，確保身體健康。
2. 心理輔導：依前所述，我們知道肢體障礙兒童可能有一些負面的心理狀態，所以有必要加以輔導。
3. 休閒輔導：休閒活動可使肢障兒童身心更健康。一般人可做的活動，他們也大都可以做，例如輪椅籃球、輪椅合唱團、童子軍等。

（四）職業教育

在學齡階段可做職業介紹，產生職業認知。至於國中階段則是對不升學的學生做職業訓練，讓其有一技之長。

六、無障礙的校園設計

　　為了讓肢體障礙學生能在一個無障礙的校園環境中學習，在軟硬體設施方面必須注意下列幾點（內政部，民85；許天威，民89）：

（一）無障礙設施標誌

　　美國於1969年以來所懸示的無障礙建築圖案已成為國際通用的標誌，我國內政部於民國77年也明訂於建築技術規則之中，凡是公共建築物內設有供殘障者使用的設施皆應於明顯處所設置殘障者使用設施之標誌。學校即屬一公共建築物，依規定要於備妥無障礙設施時揭示此一標誌（如圖7-1），以及有關的路線指標，以便肢體障礙學生遵照通行。

（二）引導通路

　　無障礙的校園環境要設置便於坐輪椅或拄拐者通行，其設置要點約有下列數項：

圖7-1　無障礙設施之國際標誌

室外引導通路

學校大門等出入口至校內各房舍之主要通道的寬度不得小於一百三十公分，由於一般輪椅之寬度為八十公分，如果常有輪椅交會的通路應有一百八十公分。路面平整而不過分滑溜。

高低路面之坡道

為使輪椅不受路面高低落差或被加蓋之溝渠所限制，務必使用坡道以保證其順暢通行，坡道之坡度不得超過一比十二。供殘障者使用之內外通路走廊有高低差時亦同。前項坡道、通路、走廊之高低差未達七十五公分者，其坡度不得超過**表7-1**之規定。

表7-1　供殘障者使用之坡道坡度規定

高低差（公分）	75以下	50以下	35以下	25以下	20以下	12以下	8以下	6以下
坡度	十分之一	九分之一	八分之一	七分之一	六分之一	五分之一	四分之一	三分之一

通道兩側之扶手

通道兩側應裝設連續而不任意中斷的扶手，扶手之建材質料與尺寸必須注意掌握方便而安全，扶手應與壁面保留至少五公分之間隔，以利手掌滑動並牢固地扶持。

（三）樓梯與升降梯

樓梯

不可使用旋轉梯，梯級踏面不得突出，且應加裝防滑條，梯級斜面不得大於兩公分。

電梯

坐輪椅者較適合使用電梯（升降機），其出入口淨寬度不得小於八十公分，且應留設深度及寬度一百七十公分以上之輪椅迴轉空間。

（四）教室

教室前後門

門的淨寬度不得小於八十公分，且最好能自動開啓關閉，並不可有門檻而阻礙輪椅。如有門檻之落差，則應以斜坡輔助之。

教室內通道

應便於輪椅通行，足以讓輪椅行進於講台、前後門，以及全教室的座席之間。

講台與黑板

講台可以不設，好讓整個教室地板只有一個平面，黑板高度以能容許坐輪椅者利用其部分板面書寫爲宜，必要時亦應在黑板兩側設置扶手。

課桌椅

應自復健醫療器材行購置或委請傢具行訂製適合肢障學生的課桌椅。

（五）衛浴設備

供肢障學生使用的廁所、盥洗室、浴室等場所應該考慮輪

椅的迴旋空間與防止滑跌的扶手。該等門戶以自動門或外開門為宜，門把高度應特別設計。汲水與沖水用之水龍頭也應加以調整，可以改為腳踏式或電子感應控制之水龍頭。地面上要使用防滑材料，並有良好的排水功能。

參考書目

內政部（民85）。《建築技術規則建築設計施工編》，第十章。

王天苗（民92）。《特殊教育相關專業服務作業手冊》。教育部特殊教育工作小組印行。

王亦榮（民88）。〈肢體障礙者之教育〉。載於王文科主編，《特殊教育導論》。台北市：心理出版社。

李聖隆（民70）。〈中華民國「沙利竇邁度」藥物公害國際求償案件始末記要〉。《青少年兒童福利學刊》，期4，頁65-71。

林鴻基（民90）。〈常見的臍帶問題與胎兒異常〉。《嬰兒與母親月刊》，期301，民國90年11月，頁172-175。

許天威（民89）。《肢體障礙學生輔導手冊》。教育部特殊教育小組主編。國立台南師範學院印製。

教育部（民95）。《身心障礙及資賦優異學生鑑定標準》。

《甦聲雜誌》（民90）。〈台灣！根除小兒麻痺〉，卷20，期3，民國92年3月，頁18-22。

第八章

身體病弱兒童

一、定義

根據特殊教育法第三條第二項第六款的規定，身體病弱（health impaired children）指罹患慢性疾病，體能虛弱，需要長期療養，以致影響學習者；其鑑定由醫師診斷後認定之（教育部，民95）。

在此我們要特別要注意兩個問題：

（一）慢性病

慢性病不像急性病症很快就可醫好，通常需要一段很長的時間才能痊癒，甚至終生不癒，只能控制病情。例如肺疾病、氣喘、血友病、癲癇症、腎臟病、心臟病、肝病和惡性腫瘤等。此類兒童可分為兩種，第一種是常需住院的慢性病，如肺結核、心臟病、愛滋病、腎功能異常、嚴重的傷及癌症等。第二種是隨時可能發作的疾病，平時隱伏不顯，一旦病情發作，就須立即處置，如癲癇症、氣喘、糖尿病及血友病等（陳修丰，民96）。簡介如下（參考李鍾祥，民81）：

肺疾病

常見的肺疾病有肺結核，俗稱肺癆，為結核桿菌所引起的肺部疾病。兒童感染本症後由胸部放射線檢查可見肺門淋巴節腫大，此淋巴腫爾後會鈣化而影響健康。病童若罹患結核病時，不可上學，以免傳染其他學童。

氣喘

即哮喘，病童會出現呼氣有雜音、咳嗽很嚴重和呼吸困難等症狀。父母和老師宜教導病童避免引起氣喘的因素，如食物、室內灰塵中的蟎、黴菌孢子、動物毛髮、遊戲、運動等。

血友病

此症具遺傳性，血液中缺乏凝血因子，兒童易患皮下或黏膜出血，故應避免從事易引起受傷的活動，一旦有受傷的情形，需立即送醫治療。病童平常身上要戴著或掛著標示疾病和血型的名牌，作為緊急處理之用。

癲癇症

俗稱羊癲瘋，此病乃是腦部不正常放電，造成抽搐之現象。發作時之症狀為身體部分或全身發生抽搐、意識障礙、知覺障礙、精神不正常，甚或自律神經機能障礙。基本上癲癇發作並不會傷害到腦部，然而當游泳、騎單車、爬高等情況發作時，則會造成傷害。因此從事上述活動時，必須有監護人在場，而上學時，需告知校方，老師也應知道處理癲癇發作的方法，以便就近照顧。此外，病童身上最好帶上名牌，書明姓名、電話、發作時之處理方式，以便一旦發作，旁人可處理。

腎臟病

病童罹患此症通常會出現血尿、蛋白尿、高血壓、腎功能低下、全身性水腫等部分症狀，在治療上也常視病情之症狀做短期或長期的照護。

心臟病

心臟病的嚴重度可分四級，第一級較輕可從事日常活動，而第四級則即便休息亦感不舒服。而治療上可分五級，第一級可日常活動自如，而第五級需臥床休息，端視病情而定。心臟病分為兩種，一種是先天性，另一種是後天性，後天性心臟病以風濕熱和風濕性心臟病較常見。罹患心臟病兒童在體力許可範圍內可從事正常生活，不可參加激烈運動，如賽跑、游泳等。

肝病

肝病病童常出現肝腫大、黃疸、代謝異常，甚至胃腸出血。常見的肝病有A型肝炎和B型肝炎兩種，患童需注意飲食衛生與身體健康，B型肝炎病童更需注意前往醫院追蹤與治療。

惡性腫瘤

惡性腫瘤的病因通常由於遺傳基因、環境因素、病毒感染和免疫缺陷所引起，可能讓病童體重減輕、發燒、倦怠、生長遲緩或骨痛。治療惡性腫瘤需要團隊合作，包括第一線醫師如一般兒科醫師、家醫科醫師、血液腫瘤專科醫師、病理醫師、外科醫師和放射線治療師，同時也要護理師和社工員、復健師、營養師和精神科醫師的支援才能完全治療。病童的家屬應給病童信心、心理上的支持，指導病童作正常的生活作息。

（二）會影響學習

身體病弱兒童因常須住院醫療或在家療養而無法天天到校上課，以致影響了學習，所以需要給予特殊教育。其目的主要在提供病童一個不防礙治療同時又益於健康的學習環境（郭為

藩，民82）。

二、鑑定原則

對於身體病弱兒童之鑑定，主要由醫師負責，再會同特教老師、家長等相關人員協商個別化教育方案，唯在鑑定時，必須遵循下列幾個原則（參考楊千立，民88）：

1.身體病弱兒童各器官系統之功能障礙之認定，應等治療告一段落，確定短期內無法矯正，其身體功能有障礙，而影響學習者。
2.身體病弱兒童的疾病若屬於進行性的，應依規定及鑑定醫生之判定，定期重新鑑定。
3.因兒童仍在成長，某些疾病雖知無法矯正，但因兒童的成長或可使其功能改善或惡化，故亦應由鑑定醫生之判斷，定期重新鑑定。

三、原因

身體病弱兒童產生的原因可能因病名的不同而有所不同，但整體而言，大致可歸納出下列幾種情況：

（一）先天

1.遺傳：父母已患有的疾病遺傳給子女，例如父母有心臟

病，子女也遺傳了心臟病。另外，腎臟病、血友病、惡性腫瘤等疾病也都可能會遺傳。

2.懷孕期：例如母親罹患慢性病，如腎臟病、心臟病、糖尿病等等。或母親濫用藥物（如吸毒）、受病毒感染、過量的放射線照射、酗酒、抽煙等，而致影響胎兒發育。

3.胎兒：胎兒營養不良或氧氣不足以致造成疾病。

（二）後天

1.疾病：兒童因為某種原因（如體質、營養、成長環境等）而罹患上述所提的慢性病。

2.身體器官無法發揮預期功能：主要指心臟、肺臟、腎臟等重要器官，出生後發育不全，未發揮預期的功能，而造成身體病弱。

四、身心特質

由於身體病弱的種類很多，不同的生理現象及病情，可能造成不同的身心特質，但總體而言，身體病弱兒童的身心特質可歸納出下列幾點說明：

1.依賴：身體病弱兒童因為身體有病痛，父母親常代其做很多事，長期下來他們就產生了依賴性。

2.憂傷：主要是憂慮自己的病會不會好，或者是自憐自己為什麼會得病，而別的小朋友並沒有，當然，也有部分病童會為前途感到憂傷。

3.放縱：可能是父母親的溺愛所造成。當身體病弱兒童犯錯時，父母親可能心疼其病痛，而不忍指責或糾正他，久而久之就養成了放縱的行為。

4.暴躁：長期臥病的成人因為行動受限制，情緒易暴躁，兒童也是一樣。兒童應該是活潑好動的，但卻因長期臥病，食衣住行都受到限制，不像其他兒童自由自在的玩耍，所以情緒容易有暴躁現象。

5.恐懼：尤其是重症病童更容易有恐懼的情緒。他們長期住院，看到或聽到病童死亡，因而產生恐懼。至於病情較輕的兒童，或病情已經被控制的兒童，也常考慮到會不會惡化而萌生恐懼感。而最普遍的恐懼是常常要打針或身體部位的疼痛，這都會影響其生活和學習的品質。

6.退化：指表現出來的行為比實際年齡小，這常常都是父母親不當的教育態度所造成。例如常代勞，使其缺乏練習的機會，也養成依賴的習性。有些病童也常藉退化性行為來引起大人的注意或關愛。

7.缺乏活力：身體病弱兒童可能因為病情關係，缺乏活力而造成身體虛弱、體力不佳的現象。

此外，黃美涓（民89）也針對身體病弱兒童在生理上、生活上及學習上歸納下列四個特徵：

1.長期多病而經常缺課或長期連續缺席。
2.異常肥胖、瘦弱、發育不良或肢體活動障礙。
3.身體經常顯得虛弱無力、容易暈倒。
4.輕微運動就心跳加速、呼吸困難，甚至面色發紫。

五、教育安置

（一）普通班

對於病情不是很嚴重，仍可上學的身體病弱兒童，通常被安置在普通班上課，爲了不影響病情又可順利學習，下列人員應作適當的配合：

級任導師

注意身體病弱兒童是否課業太重、體育及遊戲不可太過激烈、是否按時用藥，若成績落後應作些必要的課業輔導。同時告知各科科任老師關於兒童之身體狀況及必須注意的事項。此外，若級任導師能學習一些簡單的護理、急救措施，應該更能提供身體病弱兒童適切的服務。當然，老師亦可藉聯絡簿，把病弱兒童在學校的情形告知家長。

護士

學校護士應定期爲身體病弱兒童作身體檢查，如量身高、體重、血壓、脈搏等，並注意兒童用藥情形，建立身體病弱兒童校內護理檔案，且需定期追蹤。

體育老師

爲避免身體病弱兒童參加超過體能負擔的運動，造成對身體負面的作用，甚至發生猝死的情形，可依身體病弱兒童身體及體能狀況提供合適的體育活動。依中華民國兒童心臟委員會

訂定的心臟病童日常活動種類及準則表，將體育課分為輕、中、重度運動三級，說明如下（引自楊惠芳，民90）：

1. **輕度運動**：可參加朝會、簡單體操、步行、短程郊遊、簡單游泳。
2. **中度運動**：可參加游泳、體操、雙打網球、躲避球、桌球、短程跑步、自行車。
3. **重度運動**：可參加賽球、賽跑、單雙槓、跳箱、柔道、空手道。

同學

在不涉及隱私權的情況下，老師宜適度的讓同學知道病弱兒童的病情，就消極面而言，可免同學對他的誤會或傷害；就積極面而言，可以發揮同學之愛來幫助病童。

家長

把病弱兒童的病情、在家的狀況、長期用藥情形以及其他該注意的事項，充分地和老師溝通，藉以獲得適當的協助。

（二）床邊教學

這是一種針對身體病弱兒童及部分極重度、多重障礙兒童所規劃的特殊教育安置方式。民國72年8月24日台灣省立豐原高中禮堂倒塌造成九十八名學生輕重傷，及民國73年3月30日台北市螢橋國小遭精神病患潑硫酸案，對於重傷的學生，教育單位曾施以床邊教學作心理和課業的輔導。床邊教學的目標及教學原則說明如下：

目標

1. 消除學生學業落後的心理障礙：身體病弱學生無法天天到校上課，學業和情緒都受到影響，所以床邊教學有其必要性，可做部分的學業及心理輔導。

2. 解除病童的煩悶、抑鬱心情：因為長期臥床或住院心情不好，所以作床邊教學可以消除負面的情緒。狹義的床邊教學是指課業輔導；廣義的床邊教學，還包括了說故事、音樂、美術、剪貼、團體活動等。

3. 輔導有不良習慣的病童：前面提到，父母親的不當管教可能造成病童依賴、放縱、退化等不良行為。所以床邊教學也要做心理輔導或生活常規的教育。

教學原則和注意事項

1. 須經家長、醫生及兒童的同意後再進行床邊教學：理由如下：

   (1) 家長同意：取得家長同意是非常重要的。因為家長是兒童的監護人，在未經家長同意的情況下施行床邊教學，若發生任何事故，可能會受到家長的責難，甚至引起法律訴訟。

   (2) 醫生同意：因為醫生可以客觀的根據兒童的病況評估是否可以施以床邊教學，或床邊教學的內容，以免因教學的實施，傷及兒童的健康。

   (3) 兒童同意：兒童是施以床邊教學的當事人。倘若病童不配合的話，教學無法收到功效。強迫實施教學，可能會使病童的情緒更惡化，甚至影響病情。

2. 彈性調整：即視病情調整上課內容及時間。如病情好轉可

增加上課時數及內容，病情惡化就必須減少上課時數，甚至馬上停止上課。

3. 依病童的年級和程度商請教師訂立教學計畫：即個別教學方案（IEP）。每個病童的差異性都很大，特教老師必須針對個別病童的個別需要及成就水準訂定教學計畫，才能符合其特殊需要。

4. 改善家中或病房的自修環境：因為家中的臥室和醫院的病房，基本上並不是很好的學習環境，所以需要做一些調整。例如光線太暗會影響視力，噪音太多等都需要改善以利教學。此外，還需要為病童準備課桌椅，以免躺在病床上看書造成視力及骨骼方面的問題。

5. 培養兒童學習習慣，準備病癒後回學校正常生活之適應：身體病弱兒童脫離正常生活和學校生活太久，重新回歸一般正常生活難免不適應。所以當病童快恢復時，我們應協助其做準備工作，與學校生活做好銜接，減少學校生活不適應的情況發生。

6. 充分利用視聽器材：如錄音機、錄影帶、VCD、DVD、唱片、廣播節目、電視、幻燈片、網路、遠距教學等等教材及設施的運用，可彌補教科書的不足。尤其是對於無法離開病床的病童更有其必要性。

7. 心理衛生指導：因為他們可能會有一些前述所說明負面的心理特質，所以需要加以輔導。

六、最後的教育──臨終教育

　　身體病弱的兒童並非均能治癒回歸學校上課，有些「來不及長大的孩子」似乎不能免於走向生命的終點，特教老師在先前已陪病弱兒童走過一段路，此時更不能撤出教育，徒讓病弱兒童孤單的走完最後一程。因此，臨終教育就顯得格外重要，其目的是協助病弱兒童有尊嚴的走完人生最後的路，其方法就是要滿足病童的特殊需要（special need）。此時特教老師至少可以實施下列兩點措施：

（一）心理輔導

　　美國死亡研究先驅之一的Kubler-Ross（1969）在其著作中提出瀕死者的五個心理反應模式：震驚與否認（shock and denial）、憤怒（anger）、討價還價（bargaining）、沮喪抑鬱（depression）、接受（acceptance）（引自陳芳智，民83）。特教老師宜進一步了解病弱兒童處在哪一個歷程，介入輔導，儘快讓病弱兒童接受這一個事實，讓病弱兒童更能平靜的走完人生。

（二）引進安寧療護

　　中華民國安寧照顧基金會認為安寧療護的整個照顧過程中，病人有最大的自主權，家屬全程參與，滿足病人肉體的、情緒的、社會的、精神的，以及病人家屬的需要（引自林焞增，民91），此點與特殊教育的特殊需要不謀而合，值得推介，讓安寧療護（或稱臨終關懷、善終服務）團隊（含特教老師、

醫生、護士、社工員、宗教人員、相關志工等）為病弱兒童共
同上完人生最後的一課。

參考書目

李鍾祥（民81）。《身體病弱兒童輔導手冊》。教育部第二次全
　　國特殊兒童普查工作執行小組發行。

林烝增（民91）。〈臨終關懷〉。載於郭靜晃等，《生命教育》。
　　台北市：揚智文化。

教育部（民95）。身心障礙及資賦優異學生鑑定標準。

郭為藩（民82）。《特殊兒童心理與教育》。台北市：文景書
　　局。

陳芳智（民83）。《生死大事——如何幫助所愛的人走完人生旅
　　程》。台北市：遠流圖書公司。

陳修丰（民96）。《癲癇症學童學校的學習與社會適應及支援需
　　求之探討》。中國文化大學青少年兒童福利研究所碩士論
　　文。

黃美涓（民89）。《身體病弱學生輔導手冊》。教育部特殊教育
　　小組主編。國立台南師範學院印製。

楊千立（民88）。〈身體病弱學生鑑定原則鑑定基準說明〉。載
　　於張蓓莉主編，《身心障礙及資賦優異學生鑑定原則鑑定
　　基準說明手冊》。教育部特殊教育工作小組委託。國立台灣
　　師範大學特殊教育學系編印。

楊惠芳（民90）。《國語日報》，民國90年2月20日，版1。

Kubler-Ross, E. (1969). *On death dying*. New York: Macmillan.

第九章

嚴重情緒障礙兒童

一、定義

　　根據特殊教育法第三條第二項第七款所稱嚴重情緒障礙，指長期情緒或行為反應顯著異常，嚴重影響生活適應者；其障礙並非因智能、感官或健康等因素直接造成之結果（教育部，民95）。

　　所以嚴重情緒障礙指的是長期的偏異現象，一般精神醫學所指的長期，通常病情持續六個月以上，而非一天兩天而已，且會影響正常生活及學校適應，例如無法專心上課、無法作作業、家庭生活無法正常等。另外有排除條款，排除智能障礙，亦即若有一位小朋友有情緒障礙也有智能障礙，那我們會鑑定其為智能障礙而非情緒障礙。感官指的是我們的五官，其中視覺障礙和聽覺障礙就是感官障礙。所以如果全盲和重聽的小朋友若附帶有嚴重情緒障礙的話，同樣的我們鑑定其為視覺障礙或聽覺障礙，而不認定其為情緒障礙。健康方面也是，身體病弱附帶有情緒障礙時，我們認定其為身體病弱，而非情緒障礙。

　　具體言之，嚴重情緒障礙主要包括下列六項重要特徵（洪儷瑜等，民89）：

1.主要問題在行為或情緒反應顯著異常。
2.問題的嚴重程度需要長期而且明顯的，且經普通教育之一般輔導無顯著成效者。
3.問題的異常性之鑑定以年齡發展、文化之常態為標準。

4.問題的結果需導致妨礙學習，或對學校教育成效有負面之影響者，且會出現在學校以外的情境。

5.問題的成因需要排除適應困難，非智力、感官或健康等因素直接影響者。

6.問題的類型包括精神醫學診斷的五大項疾患（disorder）範圍。

（註：五大項疾患請參考APA(1994)DSM-IV）

二、種類

依照教育部（民95）所提之「身心障礙及資賦優異學生鑑定標準」所列的種類，包括下列數者：

（一）精神性疾患

例如精神分裂症。有精神分裂症的兒童思考無法連貫而有跳躍的現象，例如請他說明昨天發生的事情，他可能會顛顛倒倒，講完了下午的事又跳回早上，這是思想不連貫或跳躍的現象。或有幻覺，如幻聽，可以聽到他人聽不到的聲；幻視，看到他人看不到的東西。

（二）情感性疾患

1.躁症：當兒童患有躁症時，可能會語無論次、亂發脾氣、坐不住、口中唸唸有詞，有點過動兒傾向，動來動去顯得毛毛躁躁。

2.鬱症：例如賴床、不想做任何事、整天懶洋洋不講話。兒

童若有鬱症的話，就不太願意參加團體活動，也不喜歡和其他小朋友交談遊玩，一個人靜靜坐在角落，甚至蹲在牆角下。

3.躁鬱症：即躁症和鬱症輪替，有時是躁症，有時是鬱症。

（三）畏懼性（恐懼症）疾患

一般所謂的恐懼（phobia）是指特定形式的害怕，通常是指害怕的反應超出現實的程度，而且其感覺是難以理解的，甚至會持續表現出逃避的行為反應。兒童常見的恐懼症介紹如下：

1.懼高症：有些兒童到了高樓大廈樓頂不敢往下看，或者到了山上不敢走吊橋，這些都屬於懼高症的表現。

2.社交恐懼症：指不願意有社交活動，參與需要與人互助的活動時會有恐懼感，例如不敢上台對大眾講話，很難結交新朋友。

3.幽閉恐懼症：指不敢一個人待在狹小空間裡，例如睡覺時不敢將房門關上。

4.懼動物症：在此所謂懼動物症並非指兒童害怕獅子、老虎，而是指不合理的害怕，例如怕蟑螂、螞蟻等。

5.懼學症：有些兒童沒有理由的害怕上課，尤其在上學前會表現一些不尋常的動作，例如裝病、拖延時間等。

（四）焦慮性疾患

很多學齡階段的兒童，由於調適力不足以及長期的持續壓力而易產生焦慮性病患。焦慮性病患包括：分離性焦慮、廣泛焦慮、強迫性和創傷後壓力性病患。一般而言，焦慮性病患的

出現率約爲4%至14%，以女生爲多，而男生在十歲以後的青春期階段只出現泛焦慮的比例逐漸增加（Wicks-Nelson & Israel, 1997；引自洪儷瑜等，民89），例如慮病症，本身無病，卻誤認爲生病或害怕生病。如果一個人罹患癌症當然會害怕，但焦慮症患者可能未得癌症也感到害怕，或者擔心得到癌症，因此整天都在看病，但卻沒病。

（五）注意力缺陷過動症

注意力缺陷過動症（Attention Deficit Hyperactivity Disorder, ADHD）：即俗稱的過動兒。

注意力缺陷過動症　診斷標準

一、注意力缺陷型（inattention type）

本類型至少需持續具有下列八個特徵六個月以上，且這些行爲表現與其應有發展水準不符。

　　1.學校功課、日常工作或其他活動，經常無法注意細節或因漫不經心而造成錯誤。

　　2.工作或遊戲時，經常無法維持注意力。

　　3.別人對他說話時，經常無法維持注意力。

　　4.對於學校功課、家庭工作，或一般工作，經常無法遵從指示或無法完成（非因反抗或不理解指示）。

　　5.經常無法對所從事的工作或活動加以組織。

　　6.經常避免或強烈地表示不喜歡需要持續專注心力（mental effort）的工作。

7.經常忘記攜帶家庭或學校作業、活動所需的物品（例如鉛筆、書、作業）。

8.經常易因外界刺激而分心。

二、過動─衝動型（hyperactive-impulsive）

本類型至少需持續具有下列六個特徵六個月以上，且這些行為表現與其應有發展水準不符。

1.過動

(1)坐於座位時，經常手腳動個不停或坐立不安。

(2)在需要持續坐於座位的教室或其他情境中，卻經常離開座位。

(3)經常表現過度的、不符情境所需的跑或爬。

(4)經常難以計畫或從事需要安靜進行的休閒活動。

2.衝動

(1)經常於問題完成作答前，即搶先回答。

(2)遊戲或於團體性活動的情況中，難於表現依序等待的行為。

三、綜合型

持續具有上述二個類型六個月以上，即可稱之為綜合型。

除上述三種類型外，該診斷手冊並列出非特定型，該型雖未符合以上三種類型，但卻具有注意力缺陷／過動之缺陷。

對於ADHD的診斷尚需注意三個標準：(1)行為表現於七歲以前；(2)行為出現於二個情境以上（例如學校與家庭）；(3)明顯地影響其社會、學業或作業活動功能。

資料來源：American Psychiatric Association, 1994；引自胡永崇，民89。

三、原因

　　從不同的學理，可以對嚴重情緒障礙兒童產生的原因作不同的解釋，說明如下：

（一）精神分析論

佛洛依德

　　佛洛依德（Sigmund Freud）認為兒童會產生情緒障礙，可能與下列三者有關：

1. **意識與潛意識的衝突**：意識指精神狀態清楚的時候；潛意識指潛隱在意識之下的意識，也就是我們不知道的意識，當一個人意識狀態與潛意識狀態的慾望、需求有衝突時，個體比較會鬧情緒。

2. **人格結構的失衡**：佛洛依德將人的人格結構分為本我、自我和超我。本我受到快樂原則（或唯樂原則）的支配，自我受現實原則的支配，超我受到道德原則的支配。佛洛依德認為兒童的本我、自我和超我三者若失去平衡的話，就會產生情緒困擾。例如某幼童因寒風來襲得了重感冒，但看到了他人吃冰淇淋時他也吵著要吃。由於他平時就喜歡吃冰淇淋，吃冰淇淋可使他感到很快樂，這是我們原始的本我慾望，受到唯樂原則的支配。在生理和心理上我們都會有這種慾望。但是事實上由於他有病在身是不可以吃的，所以當母親禁止他吃時，他就產生了情緒困擾。輕者

只是心情受影響，重者可能會哭鬧不已。這就是本我和自我沒有得到平衡而產生了情緒困擾。而人的最高行為指導原則是超我，例如考試時是不可以作弊的。但某考生可能因為準備不足而想偷看，但他又怕被老師發現。此時，他的本我和超我（道德良心）失去平衡，情緒就會受到影響。

3. **早期不良生活經驗**：佛洛依德強調兒童的人格在六歲以前就已經逐漸形成。所以若六歲之前兒童的生活經驗非常不好的話，就會產生情緒困擾。例如生活在暴力家庭的小孩，常常看到父母爭吵，耳濡目染下他的心情就不會好。或是受虐待的小孩、病弱和肢體障礙等等，這些兒童都可能因為早期的不良生活經驗而有情緒困擾。

艾力克生的社會心理學說

艾力克生（Erik Erikson）他認為在嬰兒期發展的目標與危機是「信任與不信任」。即嬰兒的生理和心理未得到應有的滿足（生理的滿足如飲食，心理的滿足如父母常抱他），使他未得到應有的愛，日後就會產生對他人的不信任感。幼兒在二至三歲時發展的目標是「自主」，危機是「羞愧疑惑」。此時的幼兒已能爬、跑、跳，父母若能讓他自由的爬行，他就會發展出自主性；相反的若限制他的行動，就會產生羞愧疑惑的性格。四至五歲遊戲期的幼兒發展目標是「自動自發」，發展危機是「罪惡感、內疚感」。此時幼兒已開始上幼稚園或托兒所，又正值遊戲期，父母或老師若能任其自由玩耍，使其得到滿足，就能產生自動自發的個性；倘若處處限制他，例如不可玩溜滑梯、不可盪鞦韆等，限制太多內心就會有一些罪惡感，懷疑自己究竟犯

了什麼錯，為什麼不可去溜滑梯，而別的小朋友可以。到了小學階段發展的是「勤勉—自卑」，成績優良、受父母老師同學喜愛的兒童會發展出勤勉的性格；相反的，若成績不佳或不受歡迎的就會產生自卑感。總而言之，「不信任」、「羞愧疑惑」、「罪惡感」、「自卑」可能會產生情緒困擾。

（二）生理心理論

此類學者認為兒童之所以會情緒困擾，主要是因為大腦發生病變，或是大腦的生化不平衡等生理上的因素造成。總括來說是屬於大腦病變的生理因素，例如過動兒、自閉症等。

（三）行為論

一般指兒童遇到不當的周遭環境所影響，而造成情緒困擾。以下列幾種情境加以說明：

1. 家庭環境：例如父母經常打罵小孩，使兒童心生恐懼。或者兄弟姊妹爭寵妒嫉等。
2. 學校環境：例如老師動不動就體罰、恐嚇學生，或者在學校與同儕相處不睦，被同儕欺負，均會造成學童的情緒困擾。
3. 社會環境：例如社會環境中有很多的誘惑，若得不到滿足就可能產生情緒困擾。

（四）認知論

以下列兩個觀點加以解釋：

1. 皮亞傑論及「調適」係指先前的認知和以後的認知有衝

突：認知有衝突時心情就會不愉快。例如父母告訴子女不可以說謊，可是自己卻說謊了。在小孩心中就產生了認知的衝突，而有情緒困擾。

2.想法有偏差：例如某幼兒因為別人不跟他玩而打人，他以為打別的小朋友，小朋友就會跟他玩。這表示他的認知有偏差。如此也可能造成一些情緒或行為的問題。

四、輔導原則

輔導情緒困擾的兒童，必須注意下列幾個原則，其成效會更佳。

（一）情緒本身是一個訊號

遇到小朋友哭鬧的時候，大人常利用糖果做條件叫小朋友不要哭，以為只要小孩不再哭泣就沒事了。這是不對的，情緒本身應是一個訊號，我們應當了解孩子為什麼哭？為什麼生氣？只是叫他不要哭，問題並沒有解決，情緒依然困擾。如果小朋友不哭，這只是治標的方法，而沒有治本。

（二）「了解」情緒重於「處理」情緒

如上所述，不能真正了解造成情緒困擾的原因，就無法確實地將問題解決，撫平情緒。

（三）處理過程

處理的過程依序為：發洩、接納、安撫、了解、協助。前

面三項是治標的策略，後二項是治本的方法。例如孩子受了委屈而哭，必須先讓他發洩一下，然後表現對他的接納，小孩子知道自己的委屈已被接納，心中就會感到安慰，接著進行安撫，以上是治標的方法，要治本就要進一步了解並協助其解決問題。如果只是安撫他，只哄他別哭，情緒無從發洩也是沒用的。

（四）教導孩子如何適當表現自己的情緒

從小就要教導孩子在適當的時間表現適當的情緒。例如我們不希望孩子在火車上大聲哭泣，我們就要教導他們如何在各種場合表現適當的情緒反應。至於在發洩情緒的對象方面，我們也要教導孩子，對什麼人可以有什麼情緒，不可以有什麼情緒。這樣他們才能適當的表現自己的情緒。

（五）讓孩子知道自己（指老師、父母）面對情緒反應的感受

例如當孩子在火車上哭鬧令父母感到難堪時，父母就要讓兒女知道父母內心的感受。使兒女明瞭即使是受了委屈或非常生氣，也不能在任何場合對任何人發脾氣。如此可以避免兒童太過於自我中心，在做任何事時，能考慮到別人的感受。

五、輔導方法

輔導情緒障礙兒童的方法有很多，以下就列舉幾個方法以供參考：

(一) 心理治療（psychotherapy）

即利用心理學的原理原則及方法，例如正增強、負增強和處罰等方式。有好的行爲、情緒表現時就給他物質獎勵（如給糖果或玩具）、精神獎勵（如拍手）和社會性鼓勵（如摸摸頭、抱抱他）。若有不好的行爲或情緒出現時，則可給予適度的處罰，以抑制這類行爲的產生。

(二) 遊戲治療（play therapy）

小朋友最喜歡玩了，所以當他們鬧情緒時，給他們最喜歡玩的玩具或遊戲，是最好的輔導方法。透過遊戲，小朋友尋找到樂趣，自然就不再鬧情緒了。

(三) 工作治療（work therapy）

例如玩積木、剪貼或作勞作等，依兒童個人的喜好而定，兒童在工作中得到快樂，自然可以紓解情緒。

(四) 團體治療（group therapy）

最主要是針對較孤僻或社會行爲較差的兒童，可以安排幾位社會行爲較好的同儕和他一起玩或作功課。因爲孤僻行爲通常是由不好的人際經驗所引起的，因此若能給一些好的經驗，那麼他們將會再走入人群。

(五) 態度治療（attitude therapy）

這是針對兒童的照顧者而言。因爲兒童的情緒困擾有許多是因爲不當的管教所引起的，所以對照顧者的態度治療也是非

常重要。亦即修正父母（或其他照顧者）的管教態度，兒童的情緒或行為問題可獲得消除。

（六）藥物治療（drug therapy）

很多情緒上的問題，如本章前面所提到的精神性疾患、情感性疾患、畏懼性疾患、焦慮性病患、注意力缺陷過動症等，都可以利用藥物作有效的控制，甚至於治療，一般常用的藥物包括中樞神經興奮劑、抗精神病、抗憂鬱劑、抗焦慮劑等。不過對學齡前的幼兒使用藥物治療要特別謹慎，以免妨礙其正常發展。

（七）讀書治療（bibliotherapy）

高嘉慧（民91）認為將讀書治療應用於情緒障礙兒童的輔導會有不錯的成效。其方法包括：

1. **個案法**：以一對一的方式，藉助於童書輔導情緒障礙兒童。亦即教師藉由童書中的情節或人物與兒童討論，協助兒童表達內心的感受，如此可了解兒童的情緒問題，進而達到輔導的目的。
2. **理情治療法**：以童書中正確的概念去引導兒童因錯誤認知所產生的情緒困擾。
3. **社會學習法**：藉助於童書中角色行為的模仿，學習達到治療情緒困擾的目的。
4. **防衛機制法**：利用心理自我防衛的方式，消除心理障礙。

參考書目

洪儷瑜、黃慈愛、彭于峰、翁素珍、林書萍、吳怡潔（民89）。
　　《情緒障礙學生輔導手冊》。教育部特殊教育小組主編。國
　　立台南師範學院印製。

胡永崇（民89）。〈學習障礙者之教育〉。載於王文科主編，
　　《特殊教育導論》。台北市：心理出版社。

高嘉慧（民91）。〈讀書治療對情緒障礙兒童輔導的應用〉。於
　　91年4月26日假崑山科技大學舉辦之「2002童書與兒童情緒
　　輔導學術研討會」所發表之論文。

教育部（民95）。身心障礙及資賦優異學生鑑定標準。

American Psychiatric Association (1994). *Diagonstic and statistical
　　manual of mental disorders* (4th ed.). (DSM-IV). pp.85-91.
　　Washington, DC2005.

第十章

學習障礙兒童

與其他身心障礙的兒童比較，學習障礙（learning disabilities）兒童算是被父母及老師誤會最深、謾罵最多的小孩，因爲他們耳聰目明、四肢完好、頭腦聰明、身體健康……幾乎完全沒有外顯症狀，但是在學校課業的表現就是讓父母及老師頭痛，於是許多負面言語（如聰明但不用功）或行爲（如體罰）就不斷的加諸在他們的身上，但其實他們也是感到相當無奈。因此，學習障礙常被認爲是一種隱形的障礙或看不見的障礙（invisible handicap），這個說法也道出了學習障礙不易讓人辨識出來的問題。

一、定義

　　根據特殊教育法第三條第二項第八款所稱學習障礙，指統稱因神經心理功能異常而顯現出注意、記憶、理解、推理、表達、知覺或知覺動作協調等能力有顯著問題，以致在聽、說、讀、寫、算等學習上有顯著困難者；其障礙並非因感官、智能、情緒等障礙因素或文化刺激不足、教學不當等環境因素所直接造成之結果。其鑑定標準如下（教育部，民95）：

1. 智力正常或在正常程度以上者。
2. 個人內在能力有顯著差異者。
3. 注意、記憶、聽覺理解、口語表達、基本閱讀技巧、閱讀理解、書寫、數學運算、推理或知覺動作協調等任一能力表現有顯著困難，且經評估後確定一般教育所提供之學習輔導無顯著成效者。

上述所謂「智力正常」是指智商在七十以上，所以被認定有學習障礙的兒童，智商至少需在正常程度以上。

二、認定標準

一般在認定一個學生是否有學習障礙時，通常採用下列三個指標：

（一）差距性

指潛能和成就有差距。潛能最具代表的是智力，成就最具代表的是學業成績。很多研究皆認為學生的智商和學業成績有正相關，若智商和成績有明顯差距者，但是並非不用功的因素，而是大腦的神經病變所引起，吾人認定可能為學習障礙。

（二）排他性

即前述定義中所指「……非因感官、智能、情緒等障礙因素或文化刺激不足、教學不當等環境因素所直接造成」，以下因素排除之，包括視覺障礙、聽覺障礙、智能障礙、情緒障礙、缺少教育或教師教學方式不適當等等。亦即兒童若有上述的問題，而又有學習障礙的特質時，吾人不會將之鑑定為學習障礙，而會將之認定為上述的障礙。

（三）特殊性

至少包含以下兩者：

1.特殊學習能力的缺陷：例如注意力不集中、記憶力的缺陷或語言的問題等，如此影響學業成績的表現。

2.此類兒童可能不適合一般教育，而必須給予特殊教育，如此才能滿足其特殊需要，發揮學習效果。

三、原因

造成學習障礙的原因可分為下列幾點說明：

（一）遺傳

指中樞神經系統的障礙或病變。也就是父母有注意力不集中、記憶不足、學習問題等病變，且遺傳給了子女。以閱讀障礙兒童為例，DeFries等學者（1987）認為同卵雙胞胎的閱讀問題有30％來自於遺傳的因素。Olson等學者（1989）的研究發現，同卵雙胞胎，二者皆為閱讀障礙的比例，明顯高於異卵雙胞胎，可見閱讀障礙與遺傳有關。

（二）胎兒期

例如過量的放射線照射，孕婦抽煙、酗酒、藥物濫用、情緒不穩等都可能加害胎兒，導致出生後變成學習障礙兒童。

（三）生產時

生產過程的處置不當、早產或新生兒病變也可能造成未來的學習障礙，例如：

1.早產兒：因為早產可能導致腦部功能不全、障礙，而造成日後學習的問題。
2.生產時缺氧或腦傷：因為學習障礙是大腦病變所引起，所以生產時缺氧或腦傷也可能造成學習障礙。
3.黃疸過高也可能造成學習障礙。

（四）後天因素

所有會使大腦中樞神經病變的因素都有可能造成日後的學習障礙，說明如下：

1.**嬰幼兒期的因素**：例如腦傷、腦炎、腦膜炎、發高燒，都足以影響中樞神經系統。
2.**營養不良**：基本上營養不良也會影響腦部的發育，進一步造成學習上的問題。
3.**體內生化不平衡**：尤其是腦部生化不平衡，影響腦部正常發展，導致學習障礙。
4.**環境剝奪**：和文化刺激不足類似，該給予兒童的學習刺激未給予。
   (1)生理方面：如吃的、用的未能給予滿足，以至於影響腦部的發育。
   (2)心理方面：兒童的成長過程中，缺乏愛的滋潤、缺乏語言的刺激、缺少玩具、缺少遊戲機會，造成大腦發育受到影響。
5.**教育失當**：例如大班級教學，未能注意個別差異造成學習障礙。此外，有許多學生因為在普通教育的教學環境中，沒有獲得適當的教學，而需要接受特殊教育服務。如果能

提高普通教育的品質，學習障礙學生的人數就可以減少
（Fletcher, et al., 2004；引自詹士宜，民96）。

四、類型

美國特殊教育學者Kirk和他的研究伙伴將學習障礙的類型
分為下列三者（**圖10-1**）：

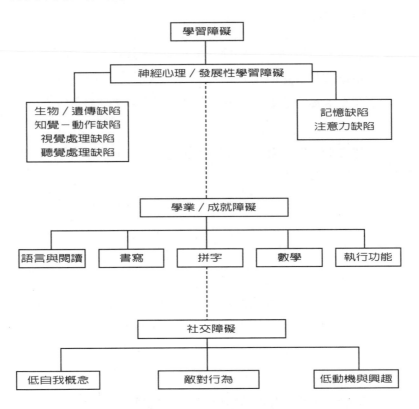

圖10-1　學習障礙的類型

資料來源：Kirk, Gallagher & Anastasiow, 2000.

（一）神經心理／發展性的學習障礙（neuropsycho-logical developmental learning disabilities）

生物／遺傳缺陷

指兒童因承繼父母遺傳因子，造成發展上的障礙，而影響學習者。

知覺－動作缺陷

感覺、知覺和動作的協調出現問題而影響學習。例如：對類似的刺激有缺陷，難以分辨下列的字「人、入」、「貪、貧」、「今、令」。

視覺處理缺陷

指兒童在以眼睛接收訊息後，透過視神經傳達到視覺中樞的過程有問題，而影響學習成效者，例如：看到的東西與大腦的認知有差異。

聽覺處理缺陷

指兒童在以耳朵接收訊息後，透過聽神經傳達到聽覺中樞的過程有問題，而影響學習成效者，例如：聽到的聲音與大腦的認知有差異。

注意力缺陷

例如上課時注意力無法集中、東張西望、坐立難安，以至於無法學習到老師所講的內容，造成學業成績欠佳。

記憶缺陷

一般指記憶有問題。偶爾忘了某些事是正常，但若一個智

商在中等以上的學童，卻常常忘東忘西，就可能是記憶有問題了。特別是在課堂上老師所講的內容，學童很容易就忘掉了，以至於考試考不好。以透過注音符號學國字為例，一般學生只要注音符號學會了，學習國字是順理成章的事，但對於學習障礙的學生而言，注音符號和國字之間常無法產生記憶連結，例如：「ㄓˋ」無法與志、制、置、智、治、秩、至等建立連結關係。

（二）學業／成就障礙（academic/achievement dis-abilities）

通常指進入國民小學以後才出現的學習障礙。包括：

1. **語言與閱讀缺陷**：指兒童雖然沒有智能障礙，但無法和同年齡的兒童一樣正常的說話和閱讀，與人溝通有問題，看書會跳字跳行，以至於無法看懂書本的內容，造成考試成績不佳的現象。
2. **書寫缺陷**：例如「今」和「令」、「人」和「入」等相近文字無法分辨，以至於常常寫錯字或別字。
3. **拼字**：指英文字彙的拼字常出現錯誤，例如將learning寫成learing。
4. **數學缺陷**：例如同年齡且智商中等的兒童能運算的加減乘除，他不會算。
5. **執行功能**：指對於老師所交待的功課，或父母所交待的任務無法有效的達成。

由於學習障礙的兒童有上述的問題，以至於常常考不出令父母或老師滿意的成績。而事實上，上述兩類應有因果關係，

也就是有「發展性」的學習障礙，造成了「學習性」學習障礙之果（胡永崇，民89）。

（三）社交障礙（social disabilities）

1. 低自我概念：指兒童對自己的認知不清或錯誤，以至於與人互動時產生困難。
2. 敵對行為：指兒童與人互動時，常出現敵對行為，如口角、攻擊，以至於影響人際關係。
3. 低動機與興趣：指兒童對於與人互動缺乏動機和興趣，以至於在校缺少朋友。

五、身心特質

（一）基本特性

1. 低成就：指雖然智力在正常程度以上，但學業成就低。例如某生已經小學四年級了，但閱讀能力、數學能力或書寫能力只在小學一、二年級水準。也因為如此，常被認為是聰明但不用功。
2. 內在能力顯著差異：例如某生做完性向測驗後，發現語文推理能力的百分等級為九十，數學的能力百分等級為二十一，空間關係的百分等級為七十九，記憶能力的百分等級為八十七。由上面的結果，大致可以初步推測該生為數學能力缺陷。經過如此的診斷，也可提供教育上的參考。
3. 不穩定的心理動作能力：例如兒童常出現過動、衝動、注

意力不集中、破壞力強等狀況。

（二）學習行為症狀

1.注意力缺陷：上課時不專心，導致不能了解老師所講的內容，考試成績當然不好。

2.知覺缺陷：例如視知覺缺陷、聽知覺缺陷及觸知覺缺陷，以至於影響學習成果。

六、教育安置

對於學習障礙兒童的教育安置，大概可以分為下列幾個方向：

（一）普通班

學習障礙兒童通常被安置在普通班上課有二個理由：(1)基於融合教育的觀點，讓學習障礙的學童有更多的機會學習社會適應；(2)因為大部分學校沒有學習障礙的特殊班或資源班，所以學習障礙的兒童以在普通班就學為最多。

（二）學障班

將學習障礙兒童集合在一起上課，由專業的特教老師依照鑑定結果，撰寫個別化教學方案，依學習障礙的特殊需求給予特殊教育，如此較能重視個別差異，應有較好的學習表現。

（三）資源班

　　即學習障礙兒童大部分時間在普通班上課，只有少部分時間抽離到資源班上課，由資源班的老師針對其缺陷給予特殊的輔導。

七、教學方法

　　學習障礙兒童的教學方法很多，主要是根據障礙類型來設計，列舉如下（參考王瓊珠，民91；林素婉，民91）：

（一）視覺訓練

　　學習障礙兒童常有符號辨認混淆、左右顛倒，或是閱讀時跳字跳行，其根本問題出在眼睛無法對文字符號做有效處理。因此，可讓兒童走紙上迷宮，練習在兩條線中間畫線；在電腦上快速區辨複雜的視覺刺激，如此均可有效的促進視覺發展或修正視覺上的障礙。

（二）聽覺訓練

　　例如以過濾音頻的方式，讓閱讀障礙的兒童只聽某種音樂，或是將聽覺刺激放慢，兒童先聽放慢、拉長的語言後，再練習將聽到的聲音合成。主張聽覺訓練的治療者認為學習障礙者常帶有聽覺理解困難、錯誤指令、聽覺記憶短暫等問題，所以要強化其聽知覺的功能。

（三）生理的角度介入

例如讓兒童改變睡姿、倒置兒童、讓兒童爬行、以聲音或亮光刺激兒童、服用高劑量維他命、控制過敏原、針灸等，不過最為大家熟知的恐怕是感覺統合訓練。

（四）潛能發揮

讀寫有困難的兒童，因為能言善道，提供了充滿想像的情境；寫不出卻能讀的兒童，可以領讀；書寫能力較好的兒童，可以扮演白板前的小老師。透過這種合作學習，除了各展長才，也因互相觀摩學習，而學會勇於嘗試。

參考書目

王瓊珠（民91）。〈學習障礙可以治療嗎？〉。《國語日報》，民國91年4月7日，13版。

林素婉（民91）。〈學障兒的語文學習指引〉。《國語日報》，民國91年4月7日，13版。

教育部（民95）。身心障礙及資賦優異學生鑑定標準。

胡永崇（民89）。〈學習障礙者的教育〉。載於王文科主編，《特殊教育導論》。台北市：心理出版社。

詹士宜（民96）。〈介入效果模式的學障鑑定〉。《特殊教育季刊》，期103，頁17-23。

DeFries, F., Fulker, D. & LaBuda, M. (1987). Evidence for genetic etiology in reading disabilities of twins. *Nature, 329*, 537-539.

Fletcher, J. M., Coulter, W. A., Reschly, D. J., & Vaughn, S. (2004). Alternative approaches to the definition and identification of learning disabilities: Some questions and answers. *Annals of Dyslexia,* 54(2), 304-331.

Kirk, S. A., Gallagher, J. J., & Anastasiow, N. J. (2000). *Educating exceptional children.* N.Y.: Houghton Mifflin Co.

Olson, R., Wise, B., Conners Rack, J. & Fulker, D. (1989). Specific deficits in component reading and language skills: Genetic and environment influences. *Journal of Learning Disabilities,* 22, 339-348.

第十一章

自閉症兒童

在日常生活當中，如果有人把自己封閉起來，不理會別人，常常被標籤為自閉症，到底特殊教育中的「自閉症」所指為何呢？

一、定義

美國全國自閉症兒童協會（National Society for Autistic Children）認為自閉症有嚴重溝通上的障礙，似乎在很早期即有認知及知覺功能的損傷而致使他在理解能力、溝通學習，及社會關係的參與上的限制（Fallen & McGovern, 1978）。

依我國教育部（民95）所公布的「身心障礙及資賦優異學生鑑定標準」中的規定：自閉症係指因神經心理功能異常而顯現出溝通、社會互動、行為及興趣表現上有嚴重問題，造成在學習及生活適應上有顯著困難者。其鑑定基準如下：

1.顯著口語、非口語之溝通困難者。

2.顯著社會互動困難者。

3.表現固定而有限之行為模式及興趣者。

自閉症的出現率為每一萬人中有五至十名，男女患者的比例約為5：1（鄒開鳳，民86）。

二、診斷

（一）國際疾病分類標準

依現今全世界通用的「國際疾病分類」（International Classification of Diseases and Injuries, ICD）標準，自閉症診斷要同時滿足下列A、B、C三準則（WHO, 1993；引自宋維村，民89）：

A.三歲前出現下列三項中至少一項功能之發展異常或障礙：

1.社交溝通情境之理解性或表達性語言。

2.選擇性社交依附或社會互動。

3.功能性或象徵性遊戲（DSM-IV則為象徵性或想像性遊戲）。

※註：DSM－IV為Diagnostic and Statistical Manual of Mental Disorders (4th ed)之簡寫，為美國精神醫學會（American Psychiatric Association）於1994年出版的《心理疾病的診斷與統計手冊》（第四版）。

B.下列1.2.3.合計至少六項，其中1.至少二項，2.和3.各至少一項：

1.社會互動之障礙：

(1)不會適當使用注視、臉部表情、姿勢等肢體語言以調

整社會互動。

(2)未能和同儕分享喜好的事物、活動、情緒等有關的同儕關係。

(3)缺乏社會情緒的交互關係，而表現出對別人情緒的不當反應，或不會依社會情緒而調整行為，或不能適當的整合社會、情緒與溝通行為。

(4)缺乏分享別人的或與人分享自己的快樂。

2.溝通方面的障礙：

(1)語言發展遲滯或沒有口語，也沒有用非口語的姿勢表情來輔助溝通之企圖。

(2)不會發動或維持一來一往的交換溝通訊息。

(3)固定、反覆，或特異的方式使用語言。

(4)缺乏自發性裝扮的遊戲或社會性模仿遊戲。

3.狹窄、反覆、固定僵化的行為、興趣和活動：

(1)執著於反覆狹窄的興趣。

(2)強迫式的執著於非功能性的常規或儀式。

(3)常同性的動作。

(4)對物品的部分或玩具無功能成分的執著。

C.不是有續發社會情緒問題的接受性語言障礙、依附障礙，有情緒行為問題的智能不足、精神分裂症、雷特症等（DSM-IV則只排除雷特症和其他兒童期崩解症）。

（二）特殊類型

以上所描述的是診斷典型自閉症的充分必要條件，但有其他的精神疾病有自閉症的部分特徵，或者和典型自閉症略有不

同之處，但都有廣泛的人際互動和溝通障礙，這群疾病和自閉症都屬於廣泛發展障礙症，以下則介紹特殊的兩類（宋維村，民89）：

雷特症候群（Rett's Disorder）

這是一種絕大部分發生於女童，以痴呆、自閉現象、痙攣、小頭和喪失有目的的手部動作為主要特徵的症候群。典型的個案出生後之前五個月有正常或近乎正常的早期發展，在五至三十個月之間發病退化，喪失全部習得的手部和語言技巧，同時在五至四十八個月之間開始頭部生長減緩而成小頭。喪失有目的的手部動作，代之以固定反覆的手部動作（如搓手、扭衣角）及過度換氣（深呼吸）是其特徵。社交及遊戲的發展停滯，但仍有視線接觸，有些病人後來社會互動會進步。在兒童中期常發展出協調不佳、步態不穩，且合併有駝背或脊柱側彎，有時會有舞蹈徐動症狀。病人都會有嚴重的智能障礙，在兒童期早期或中期也常出現癲癇痙攣。與自閉症不同的是，少見嚴重的自我傷害及複雜的重複性偏好或常規的同一性行為，此症主要的症狀是愈來愈嚴重的運動功能退化和智能退化。

亞斯柏格症候群（Asperger's Disorder）

1944年亞斯柏格在德國報告和自閉症非常相似的症候群，不同的是病童先會講話後會走路（自閉症則語言發展嚴重落後），且語言近乎正常。此外，二者在人際關係及同一性特徵幾乎完全一致。有部分學者至今仍認為亞斯柏格症是高功能自閉症中很特殊的一群，而不需單獨分類。這類兒童通常無顯著的語言或認知發展遲滯，但社交互動障礙及侷限、重複及同一性行為、興趣及活動則與自閉症相同。病人可能有與自閉症類似

的溝通問題（語用缺陷），但沒有顯著的語言遲滯和文法上的缺陷。大多數個案一般智能正常，但動作常顯得笨拙。這個症候群主要發生於男童。此種異常多半會持續至少年期及成人期，而成為一種特殊人格，且其攻擊行為的出現率較自閉症患者為高。

三、原因

自閉症的原因至今仍不明，且爭論很多，在學者所提出的原因論中，大致可區分為下列三類（盧淑貞，民73）：

（一）養育論（nurture）

認為形成自閉症的原因多半是由於父母所造成的，諸如父母對子女缺乏溫暖、父母的人格障礙、父母親有攻擊性、不負責、沒有感情及冷酷。在持養育論的學者中，均認為自閉症在生理上都是正常的，因此如果他們能接受有效的治療，均可發揮正常的智力、語言社會發展潛力。美國全國自閉症兒童協會（National Society for Autistic Children）認為自閉症有嚴重溝通上的障礙，似乎在很早期即有認知及知覺功能的損傷而致使他在理解能力、溝通學習及社會關係的參與上的限制（Fallen & McGovern, 1978）。

（二）天生論（nature）

將造成自閉症的親子關係排除，而認為自閉症是生理上的缺陷。持此一論調者，大概有下列看法：

1. 為一種精神系統的功能毀壞而致使知覺、動作、認知及語言的發展不良。

2. 主張感覺、知覺輸入的障礙及感覺輸出的障礙為自閉症的基本障礙。

3. 認為是腦的新陳代謝失常所致。

4. 認為認知、語言障礙為自閉症的根本障礙，此障礙和腦的機能、機體異常有直接關係。

（三）多因論

　　認為導致自閉症的原因可能不只一種，這也是最近的研究趨勢。這些學者認為孩子一出生時就非常脆弱──這是一出生就呈現生病的前兆，當這因素再與環境中的某些因素相結合，便導致自閉症。

四、身心特質

　　自閉症兒童通常具有下列之身心特質：

（一）人際關係的障礙

1. 拒絕被抱，或被抱沒有愉快的感覺。

2. 逃避他人的視線，目光不與人接觸。

3. 被叫喚絲毫沒有反應，態度冷漠。

4. 和養育者或家人形同陌路的關係，例如在與父母建立依附關係及與其他家人建立人際關係方面有明顯缺陷。

5. 脫離人群而有固執傾向。

6.與人接觸時，只是一種儀式性的反覆動作，並不像正常兒童那樣具有感情，而且也不怕陌生人或陌生的環境。

7.不了解社會規範，也無意學習社會規範。

（二）語言及溝通的障礙

李淑娥（民89）認為自閉症兒童的語言及溝通具有下列之特點：

語言理解困難

自閉症兒童常以語言表面的詞句意思去了解一句話，而不能體會抽象的意義，譬如我們常說的「流血不如流汗」，他就只能理解「流血」和「流汗」，想不透其中隱含的關係，像這種抽象的意義對他們是極困難的，所以他們聽話都只是聽表面的意思。

仿說能力很強

有時是立即的仿說，有時是過些時候的延宕仿說，例如，問他「你叫什麼名字？」他不會回答：「我叫○○○。」而以仿說的情形又說：「你叫什麼名字？」或只說「名字？」此種仿說又可稱為鸚鵡式語言。

語彙缺乏

自閉症兒童通常都是使用具體的語彙，如名詞（東西、人物的名稱）、動詞（動作的名稱）、我要吃××、我要買××等等，這些是比較容易學的，但是對形容詞、副詞、虛詞等抽象的用字就很難理解，像很高興、悲傷、因為、所以、雖然等，這些都很難學會或發展出來。

語法不成熟

自閉症兒童有些有不少的詞彙，但把詞彙組合起來使用的能力就很差，通常使用的都是簡單句或命令句，如「我要做××」、「去買××」；少用疑問句或因果關係的表達語句，如「我可不可以？」、「你如果××就會××」等複雜句，他們很少理解或使用。

系統敘述的能力差

有些高功能的自閉症兒童雖已有表達或轉述一些事情的能力，但仍很難把整個事件做詳細而有系統的敘述，通常是要別人問一句，他答一句，自己無法有結構的敘述或組織一個故事。

(三) 身體及動作特質

自閉症兒童在日常生活中的身體及動作特質，常出現下列之特殊狀況：

1. 自傷行為：如打自己的頭、用頭撞牆、啃手指頭等。
2. 過動傾向：可能極端的過動，有時可連續跳躍很久而沒有疲累的感覺。
3. 固執性（或同一性）行為：例如只玩一種玩具或固定吃某一類食物、固定走某一條回家的路等。對事物順序的改變會有激烈反抗，會堅持物品保持一定的位置、排序等固著表現，拒絕變化。
4. 自我刺激行為：如每天都會搖動身體、旋轉身體、擺動手臂、轉頭等，每人表現的方式有個別差異。

5.**感覺異常**：如眼睛不看人，迴避與人視線接觸。對光、痛或聲音等感覺刺激，常不太反應或過度反應。

6.**以手（姿）勢表達需求**：有需求時，如喝水、吃糖果以手勢表示，不太喜歡說話。

7.**莫名其妙的笑**：自己在玩或沉思時，莫名其妙的笑出來（發出聲或不發出聲）。

（四）智能與認知特質

自閉症兒童在智能與認知發展方面，異於一般兒童，說明如下：

1.**智力程度不一**：自閉症兒童有20.0％可有正常智力，80.0％則出現智能不足的現象（汪麗眞，民83）。但宋維村（民72）提及自閉症與智能不足的差異在於後者的缺陷是智能的各個面向都低落，不像自閉症仍可能保留某些「智慧的火花」，這保留下來的能力往往達到極優秀的程度。此外，分析自閉症患者魏氏智力測驗的資料並與其他診斷的兒童比較，發現自閉症患者在語文測驗之記憶分測驗得分不比其他診斷者差甚至更高，可是在理解分測驗，自閉症兒童就比其他兒童差很多（宋維村，民89）。

2.**認知缺陷**：例如在記憶、視動、拼圖、抽象、符號、理解等認知能力常有缺陷，而且對學得的事物缺乏類化應用的能力。

3.**不怕危險**：對一些危險的事情，如火、玻璃、高低差大的台階、蛇等不會感到害怕。

4.**操作智商常優於語文智商**：就大部分自閉症患者而言，其

操作智商常優於語文智商（宋維村，民89）。

（五）情緒特質

自閉症兒童偶會因外在不當刺激，而造成焦慮，甚至於憤怒的情緒，常出現有原因或無原因的尖叫、亂踢、亂咬、哭鬧等激烈的情緒反應。

（六）學習特質

自閉症兒童在學習上常表現出下列的特質：

1. **缺乏主動學習的精神**：自閉症兒童普遍學習意願不高，自發性行為缺乏，因此無法自動學習。

2. **類化困難**：所學知識不易主動應用於日常生活中。宋維村（民89）即認為類化困難是自閉症教學最大的問題之一。

3. **抗拒改變**：經常拘泥於同一形式或同一狀態，以至於對教學上的各種變化產生抗拒與排斥，造成學習上的困難。

4. **挫折感**：自閉症兒童在面對難度較高或新的問題無法達成時，產生高度挫折感，此時常會以生氣、尖叫等方式來面對挫折，較少用其他有效的策略。

5. **分心**：自閉症兒童常有注意力方面的問題，包括注意時間短暫，易被其他刺激吸引而轉移注意力。

6. **視覺學習優於聽覺學習**：大多數自閉症兒童的視覺學習優於聽覺學習，例如有些自閉症兒童還不會叫爸爸媽媽卻會認字，會背課文，但卻不知道課文的意思，這表示記憶力很好，可是理解力差（宋維村，民89）。

(七)特殊才能

少數自閉症兒童顯現特殊才能，根據Karnes、Shaunessy與
Bisland（2004）的研究發現，自閉症是所有障礙類別中，最多
又出現資賦優異者，成為雙重的特殊學生，占自閉症總樣本的
3.30%，至於資優的特質則出現在一般智能、學術、創造力與藝
術。

五、鑑定程序

自閉症兒童如果沒有經過正確鑑定，常被當作智能障礙、
聽覺障礙來看待，不但埋沒了他們的潛能，且用錯誤的方式來
教導，影響身心發展甚鉅，故應重視鑑定工作。自閉症兒童的
鑑定，在步驟方面至少應包括：發現、篩選和鑑定三階段。說
明如下（參考自張正芬，民88）：

（一）發現階段

自閉症兒童的症狀最晚在三歲以前出現。父母或主要照顧
者最遲在三、四歲階段便會因明顯的異常而到醫院求診，而大
部分的自閉症兒童在入小學前就已經診斷確定。由於自閉症屬
於能早期發現的類型，若能接受早期療育，其效果更佳。早期
發現的指標如溝通、社會性、行為模式和興趣，以及其他方面
（如缺乏動機、模仿能力低、感官知覺過度敏感或鈍感的現象…
…）。當父母、保育人員、幼教教師於日常生活觀察中，發現幼
兒有上述行為中的數項時，應至教學醫院接受鑑定，或年齡在

三歲以上時，可至縣市鑑定安置輔導委員會申請鑑定。學齡階段兒童，老師應向學校鑑定小組提出鑑定的申請。

（二）篩選階段

篩選階段主要在過濾疑似自閉症兒童，以便進行進一步的鑑定工作。此階段可由醫生或學校鑑定小組實施簡易的篩選性工具，如克氏行為量表或自閉症兒童篩選量表，進行篩選工作。篩選階段為疑似自閉症者，應進一步至醫院接受鑑定或透過學校向縣市鑑輔會提出鑑定申請。

（三）鑑定階段

已經鑑定確定或領有自閉症身心障礙者手冊而無疑義者，可不需再實施鑑定，直接進行能力評量，並視需要進行相關專業服務需求的評估。未鑑定確定或雖領有身心障礙者手冊，但非自閉症類或雖已鑑定確定但有疑義者，鑑輔會應安排適當的心理評量教師進行評量或安排至適當的醫院鑑定，以確定是否為自閉症兒童。

六、教育安置

宋維村（民81）在《自閉症兒童輔導手冊》一書中指出，學齡前經過矯治的自閉症兒童，有20％可以到普通班就讀，但仍然需要額外的協助，另有30％自閉症兒童其學習能力無法適應普通班學習，但可以在輕度智能障礙班就讀，其餘50％的自閉症兒童則必須安置在自閉症特殊班或其他教養機構就讀，安

置在特殊班或其他教養機構的教育矯治目標以自我照顧及促進個人生存能力為主。自閉症兒童的安置方式大致上可分下列二類：

（一）普通班

基於融合教育的觀點，自閉症兒童以在一般學校的普通班就讀為主，在普通班就讀可能需要補救教學及巡迴輔導兩個配套措施，才能夠滿足其特殊需要。

補救教學

級任老師根據學生在學科學習、語言及社會行為提出輔導計畫，並作補救教學。

巡迴輔導

由教育行政主管單位召集相關專家學者、特教老師至學校為學童作巡迴輔導。巡迴輔導教師的工作重點，是在協助普通班教師認識自閉症兒童的學習特性及特殊需要，以提供有利的學習環境，幫助自閉症兒童適應學校生活（黃素珍，民87）。巡迴輔導的方式可分為下列五種：

1.個別輔導：巡迴輔導教師選擇適當的教學活動和教材，到各校進行一對一的個別輔導。
2.參與教學：對於上課適應困難、常大叫、發出怪聲或到處走動，造成教師及同學困擾的自閉症學生，則由巡迴輔導教師介入普通班的教學活動，其目的為：
(1)協助普通班教師進行班級教學活動。
(2)輔導自閉症學生正確的學習態度與情緒反應。

3.小組輔導：對於有嚴重情緒障礙的兒童，每星期與級任老師、特教組長（或輔導組長）、家長，進行小組討論，提供輔導策略，檢討輔導成效。

4.團體輔導：自閉症學生由於在社會適應和人際溝通上有顯著發展障礙，因此，輔導增進其遵守團體規範的能力，實為重要課題。而活動方式也因年級的差異而有不同的安排。

5.諮商輔導：提供輔導策略，協助普通班教師及家長，給予正確的輔導態度與方法。

（二）資源班

即學童平時在普通班上課，每週再到資源班接受資源老師個別教導，教導的內容含課業輔導、語言輔導、社會行為輔導，以及其他行為治療等。

此外，由於自閉症學童人數不多，無法成立專屬的特殊學校或特殊班，故常依附在其他障礙類型的特殊學校（如啟智、啟聰）、特殊班（如啟智班）、有學籍的機構（社會福利、醫療）特教班、有學籍的機構（社會福利）接受養護訓練或在家教育。

參考書目

李淑娥（民89）。〈自閉症的語言特質及訓練〉。《台北市自閉症教育協進會會訊》，期10，頁2-3。

汪麗眞（民83）。《自閉症兒童母親教養壓力、親職角色適應與教養服務需求之研究》。中國文化大學兒童福利研究所碩士論文。

宋維村（民72）。〈自閉症患者的成長過程〉。《特殊教育季刊》，期11，頁5-9。

宋維村（民81）。《自閉症兒童輔導手冊》。教育部第二次特殊兒童普查工作執行小組發行。

宋維村（民89）。《自閉症學生輔導手冊》。教育部特殊教育小組主編。國立台南師範學院印製。

張正芬（民88）。〈自閉症學生鑑定原則鑑定基準說明〉。載於張蓓莉主編，《身心障礙及資賦優異學生鑑定原則鑑定基準說明手冊》，頁109-120。

教育部（民95）。身心障礙及資賦優異學生鑑定標準。

黃素珍（民87）。〈自閉症兒童巡迴輔導教學實務〉。《國小特殊教育》，期24，頁38-44。

鄒開鳳（民86）。〈認識自閉症系列〉。《台北市自閉症教育協進會會訊》，期2。

盧淑貞（民73）。〈自閉症的理論探討〉。《心炬》，期10，頁51-60。中國文化大學青少年兒童福利系。

Fallen, N. H. & McGovern, J. E. (1978). *Young children with special needs.* Ohio: A Bell & Howell Company.

Karnes, F. A., Shaunessy, E., & Bisland, A. (2004). Gifted students with disabilities: Are we finding them? *Gifted Child Today, 27*(4), 16-21.

第十二章

發展遲緩幼兒

一、定義

　　根據「身心障礙及資賦優異學生鑑定標準」第十三條對發展遲緩幼兒所下的定義為：「未滿六歲之兒童，因生理、心理或社會環境因素，在知覺、認知、動作、溝通、社會情緒或自理能力等方面之發展較同年齡顯著遲緩，但其障礙類別無法確定者；其鑑定依兒童發展及養育環境評估等資料，綜合研判之。」（教育部，民95）。具體言之，上述各類發展有部分或全面成熟速度延緩或異常的情形，以至於影響生活適應及學習成效之學齡前兒童均屬之。

二、原因及預防

（一）原因

　　發展遲緩幼兒造成的原因大致可分為先天及後天的因素，說明如下：

1.遺傳：基因或染色體的異常可能會造成胎兒、嬰兒發展遲緩現象。

2.胎兒酒精症候群（Fetal Alcohol Syndrome, FAS）：指婦女在懷孕時期經常或大量的飲酒，所造成的胎兒缺陷。在工業化國家，胎兒酒精症候群被公認是導致胎兒缺陷與嬰

幼兒發展遲緩的主要原因之一，發生率是每一千名胎兒中有一至三名（陳明哲，民90）。

3.早產兒：可能因為腦部受損而造成發育遲緩（彭純芝，民90）。

4.高齡產婦：由於高齡產婦較易發生高血壓、糖尿病或妊娠毒血症等併發症，因此所生胎兒較易發生染色體異常、先天性畸形、生長停滯等現象，因而造成發展遲緩幼兒增加的可能性（伊甸基金會，民88）。

5.中樞神經系統感染：例如急性或慢性腦脊髓膜炎或腦炎，以致造成身心發展遲滯。

6.頭部外傷或出血：例如腦室內出血，常發生於早產兒，是早產兒腦部出血最常見的一種；嬰兒搖晃過烈引起的蜘蛛膜下出血等。

7.缺氧－缺血性傷害：腦部缺氧及缺血時，可能會導致神經細胞選擇性壞死及囊腫變化等現象（萬育維，民83），例如，早產兒的腦室周圍白質軟化。

8.藥物或毒素：母親在懷孕過程服用藥物，傷及胎兒中樞神經，導致身心發展遲緩。

9.心理社會環境：環境刺激缺乏、受虐疏忽兒、家庭功能障礙、親子問題、婚姻問題、親職技巧問題、家庭暴力等。

所以，先天性疾病、器官功能異常、早產兒、代謝失調等高危險群幼兒，父母及學前教師更須特別留意其發展狀態與傾向，若發現任何問題，應隨時與相關鑑定中心聯繫，及早發現，及早療育。

（二）預防

預防發展遲緩幼兒的產生，應注意下列事項（伊甸基金會，民88）：

1.確實做好男女雙方婚、孕前健康檢查。

2.注意男女雙方家族中是否有遺傳性疾病、基因異常、精神異常或智能不足成員。

3.不嗜煙、酒、毒品，不長期服用藥物，懷孕期間忌服任何藥物。

4.保持身體健康，有效控制慢性疾病。

5.維持標準體重，不過重或過輕。

6.懷孕前四個月接種德國麻疹疫苗。

7.不暴露在鉛、汞、輻射等高污染環境中。

8.維持單純的性關係，避免感染性病與人工流產。

9.避免低齡（二十歲以下）或高齡（三十五歲以上）懷孕。

10.每次懷孕都確實做好產前檢查，若有早產、子宮外孕、多次自發性流產，或不明原因胎死腹中與新生兒死亡的紀錄，需請教醫師，尋求協助。

三、分類

臨床上，可將發展遲緩分為八大類（參考于義正，民89）：

1.心智運動發展遲緩。

2.智能障礙：經智力測驗結果智商低於同年齡平均以下負二標準差，且有生活適應上之困難者。

3.運動障礙（俗稱腦性麻痹）：手腳動作不靈活或無力。

4.語言發展遲緩：構音不正常（咬字不清楚）、語言或言語表達出現障礙。

5.行為異常：如注意力不集中、過動、自閉症。

6.視覺障礙：斜視、近視、弱視等。

7.聽覺障礙：聽力有缺失或完全喪失。

8.感覺統合失調：原因未明，可能是母親懷孕期運動不足、早產、母親用藥不當或嬰幼兒發展過程中，欠缺從活動中尋找感覺經驗的機會等，以觸覺障礙、神經抑制困難、大腦分化或前庭反應失常等表現出感覺統合異常。

以上各種發展遲緩（或障礙）有時是單一存在，有時是合併好幾類（如嚴重的腦性麻痹常合併有心智障礙、語言、肢體等多重障礙），所以在評估時，需要一個全面而整體的評估。

四、發展遲緩幼兒的身心特質

發展遲緩幼兒的身心特質說明如下（參考有愛無礙網站，民91；台北市教育局，民91）：

（一）身體病弱

除了先天或後天性的障礙程度影響幼兒的學習狀況之外，有些幼兒也經常伴隨著其他疾病，甚至需依賴長時間的藥物控

制，例如先天性心臟病、癲癇等。

（二）語言表達、溝通能力較差

語言能力包括接受性與表達性語言，如果再加上環境的限制，使幼兒的語言刺激較少，則幼兒所表現的語言能力將會更顯落後。例如四、五歲的幼兒仍然只用「水」、「飯」等單字，代表喝水、吃飯的意思；或是聽話之後無法做出正確的反應。

（三）社會與情緒行為發展較為緩慢

有的幼兒對「所有權」的認知發展較晚，而出現搶奪行為；或是無法了解他人的要求，出現反抗、不理會，也無法遵從社會的規範。大部分的幼兒進入學前班、幼稚園就讀時，常會忽略與同儕或老師之間的互動，因而失去建立良好人際互動關係的機會。

（四）注意力

有的幼兒無法集中注意力在應該注意的對象，或是注意到目標但是維持不了多久；有時卻付出較多的注意力。有時無法專注在遊戲的活動之中，很難坐好或是爬上爬下坐立不安。

（五）同時伴隨各種學習障礙

學習的遷移能力較差，例如學習車子，但是無法了解火車也是車子的一種。

（六）動作發展遲緩

有的嬰幼兒協調、平衡和動作控制能力較差，例如同年齡

的幼兒大都已可以行走時，他卻無法行走，或是經常撞倒物品、跌倒等。

（七）環境認識障礙

有的幼兒無法分辨情境，特別是危險情境的辨識；容易發生意外。

五、鑑定程序

柯平順（民88）認為鑑定的程序應針對發展遲緩幼兒本身的特色與需求，掌握幼兒的現有能力狀況，蒐集各種相關資訊，藉以了解幼兒，選擇適當介入及療育模式，以協助幼兒順利發展。

1.鑑定的內容應包含：
　(1)認知領域。
　(2)動作技能。
　(3)語言與溝通技能。
　(4)遊戲與社會技能。
　(5)自理能力。
　(6)家庭特點。
　(7)家庭需要。
2.診斷過程應有家長參與。
3.運用多重評量蒐集多重資料：
　(1)直接測試：運用各種標準化測驗工具直接施測，例

如：智力測驗、語言發展評量、粗細動作發展評量、感覺統合評量等。

(2)直接觀察：利用標準化測驗工具施測過程或教學訓練環境中對幼兒相關能力進行觀察。

(3)自然觀察：在自然生活情境下對幼兒行為觀察其表現。

(4)家長晤談：可取得幼兒在家庭中的相關表現。

(5)家長評估：由家長完成有關的量表或檢核表，再由專業人員作進一步的解析。

4.鑑定單位及程序：

(1)醫院：發展遲緩幼兒的鑑定通常在醫院實施，鑑定的單位包括兒童心智科、小兒科及復健科等，鑑定成員應是一個團隊，包括小兒科醫師、兒童心智科醫師、復健科醫師、心理師、語言治療師、物理治療師、社會工作師、職能治療師等等。

(2)轉介各縣市教育局的特殊教育學生鑑定及就學輔導委員會（簡稱鑑輔會）。

(3)師範院校、教育大學特殊教育中心諮詢專線，洽詢學者意見。

六、發展遲緩的輔導

（一）早期療育的定義

早期療育（early intervention），即早期介入，是為發展遲緩

嬰幼兒及其家庭所提供的種種服務，如治療、特殊教育和社會福利等。依據兒童及少年福利法第十九條第一款規定，縣（市）政府應對發展遲緩之特殊兒童建立早期通報系統並提供早期療育服務，根據兒童及少年福利法施行細則第五條說明，所謂早期療育服務，係指由社會福利、衛生、教育等專業人員以團隊合作方式，依發展遲緩特殊兒童之個別需求，提供必要之服務。早期療育是對有特殊需求之嬰幼兒，提供早期發現、早期診斷，並對其特殊需求提供專業性醫療、復健、特教及福利服務。早期療育是針對學前階段（零至六歲）具特殊需求的幼兒及其家人所提供的服務，利用專業整合性服務，經由早期的醫療、復健或充實方案等措施以開發幼兒潛能，並減少併發症，培育幼兒健全的就學與生活適應能力（Bailey & Wolery, 1992；引自黃世鈺，民83；黃美涓，民86）。

（二）早期療育的重要性

　　梁素霞（民88）提及早期療育的重要性可分下列六點來說明：

1.增進其感官知覺、認知發展、語言及口語發展、肢體動作發展、社會適應及自理能力發展。
2.避免發生更嚴重的障礙情況。
3.降低生活壓力。
4.增進身心障礙兒童的就學率。
5.減低對社會福利的依賴與一直住在服務機構。
6.減低在求學期間需要特殊教育的服務或安置。

（三）早期療育的對象

根據台北市教育局（民91）所認定早期療育對象有下列三者：

1. 發展遲緩幼兒及其家庭：早期療育的介入，可以激發幼兒的潛能，輔導幼兒的障礙，糾正幼兒異常的行為；同時可以協助家庭作必要的措施，如親職教育、居家護理、心理及行為輔導等。
2. 經診斷其生理或心智狀況有極大可能會導致發展障礙之兒童及其家庭。
3. 若未接受早期療育，可能會導致相當的發展障礙兒童及其家庭。

（四）早期療育內容

根據台北市教育局（民91）所提供的早期療育內容，可分為下列四個方面：

復健與治療

主要由醫院或相關心理輔導機構協助治療，包括相關醫療、行為心理治療、認知訓練、語言治療、職能治療、物理治療、家族治療。

居家教養諮詢

主要由醫院、各師範院校特殊教育中心及社會福利諮詢中心協助，包括：認知能力訓練、語言能力訓練、行為心理處理、感覺動作能力訓練、生活自理能力訓練。

特殊教育

依特殊教育法第七條規定，學前教育階段，在醫院、家庭、幼稚園、托兒所、特殊幼稚園（班）、特殊教育學校幼稚部或其他適當場所實施。

資源轉介

主要針對發展遲緩幼兒的特殊需要，作資源轉介，例如：需要裝配助聽器的幼兒，推介助聽器公司；需要裝義肢者，推介義肢裝配公司；需要作語言治療者，推介至醫院復健科。

此外，黃世鈺（民89）將早期介入的項目、內容與事項摘要如**表12-1**所示。

七、發展遲緩幼兒的處遇

若經鑑定後，發現幼兒為發展遲緩時，及早介入是治療發展遲緩的一個重大契機，而早期療育是最好的方式。根據歐美的研究顯示，三歲前一年的療育成果相當於三歲後十年的訓練，從出生至六歲的嬰幼兒，正值認知、動作、語言及人際關係等各方面發展的關鍵時期，最早的這幾年是奠定基礎的重要階段，因此若能在這段期間給予他們適當的刺激及訓練，就能促進他們良好的發展。以下就介紹發展遲緩幼兒的處遇方式：

1. 至醫院接受療育：若經鑑定團隊鑑定需要至醫院接受療育時，醫院兒童心智科可以協助作認知與潛能開發，復健科可以做物理治療、語言治療、職能治療等，若有需要，其

表12-1 早期介入的項目、內容與事項

項目	內容	事項
早期發現	篩檢	1.醫院健兒門診、定期接受各項發展篩檢。 2.托兒所、幼稚園定期健康檢查或教師初查發現。
	鑑定	1.心智科接受心理衡鑑。 2.縣市政府心理評量小組教育診斷。
	轉介	由個案管理與通報中心蒐集、彙整、登錄個案資料，進行轉介、追蹤、建立聯絡網。
早期治療	復健科	篩檢、評估異常或遲緩差距，找出癥結、整合團隊。
	物理治療	輔具（如輪椅、助聽器）需求、評估與使用指導。
	職能治療	精細動作與生活自理（吃飯、穿衣）的功能訓練。
	感覺統合	提供本體覺、觸覺、前庭覺活動、刺激主動探索動機。
	語言治療	依據幼兒各階段語言發展特徵，實施構音及溝通訓練。
早期教育	幼兒	安置於托兒所、幼稚園、特殊學校附設幼稚部、醫院或其他育幼機構；採集中式、融合式或資源式等型態，並提供各項相關服務與資訊。
	家長	以諮詢專線、親子教室、親職講座等方式定期、定時提供服務、交流資訊。並學習個別化居家指導技巧，透過遊戲，引導特殊幼兒邁向學習。

資料來源：黃世鈺，民89。

他各科亦可提供必要的協助。而醫院的社會服務部（室）亦可提供經濟、教育、諮詢方面的資源。

2.至幼稚園或托兒所接受教育與保育，讓發展遲緩幼兒在此二學前機構的老師、保育員的輔導之下學習，激發潛能的發展。

3.若幼兒父母不在或經濟困難時，可至兒童啓能教養院（中心）接受長期療育，如此可讓發展遲緩幼兒接受教育與養護。

參考書目

于義正（民89）。〈成長路上不再跌跌撞撞——關懷發展遲緩兒〉。《聯新醫訊》，卷7，期1。

台中榮民總醫院兒童醫學部（民91）。《兒童發展里程碑》。

台北市教育局（民91）。台北市特殊教育教學資源庫。網址：http://203.70.83.204/teachware/paper/

伊甸基金會（民88）。〈你知道你家的孩子可能是遲緩兒？〉。網址：http://www.eden.org.tw/kid/index.htm

有愛無礙網站（民91）。網址：http://www.dale.nhctc.edu.tw/

柯平順（民88）。〈發展遲緩學生鑑定原則鑑定基準說明〉。載於張蓓莉主編，《身心障礙及資賦優異學生鑑定原則鑑定基準說明手冊》。國立台灣師範大學特殊教育學系編印。

財團法人心路社會福利基金會（民91）。《發展遲緩幼兒指標》。

教育部（民95）。身心障礙及資賦優異學生鑑定標準。

梁素霞（民88）。〈談「早期療育」〉。《仁愛天地》，期38，頁14-19。

陳明哲（民90）。〈孕婦喝酒，當心BABY智障及畸形〉。《嬰兒與母親月刊》，民國90年12月，頁84-88。

彭純芝（民90）。〈巴掌仙子的明天〉。《嬰兒與母親月刊》，民

國90年11月，頁128-132。

黃世鈺（民83）。〈特殊兒童的早期教育〉。載於王文科主編，
《特殊教育導論》。台北市：心理出版社。

黃世鈺（民89）。〈特殊幼兒的早期介入〉。《國語日報》，民國
89年3月13日，13版。

黃美涓（民86）。復健醫學會86年度期中研討會。《復健新趨
勢》，頁10-16。

萬育維（民83）。《我國早期療育制度規劃之研究》。內政部社
會司。

附件一　發展遲緩幼兒指標

發展障礙指標

　　當寶寶無論在粗大動作、精細動作、感官知覺、溝通表達、生活自理、人際社會性、概念理解等任一發展領域明顯落後他的年齡應有之能力時，則應儘快尋求心智科醫師、小兒科、神經科或復健治療師之協助，作好早期發現之工作。我們為您列出各種發展障礙之重要指標，若幼兒有任何問題時，應進一步作評量與診斷，以便確知是否有障礙或遲緩；當然這些指標都是參考，許多幼兒可能有些指標都是參考，許多幼兒可能有些指標上癥狀，可能是經驗不足所導致，並不代表一定有發展問題，進一步作評量與診斷才是最重要的。

動作發展障礙指標

　　下列指標中有任何一項出現問題時，應立即轉介物理治療師或職能治療師作進一步評量。

粗大動作

- ・六至七個月無完全的頭部控制。
- ・十至十一個月不會獨坐五至十分鐘。
- ・十二至十三個月尚不會爬，不會扶著東西站起來。
- ・十八至二十一個月不會獨立行走。
- ・兩歲以後，走路姿勢怪異，容易跌倒。

・四歲以後，還不會扶欄杆自己上樓梯。
・五歲以後，還不會不扶欄杆自己下樓梯，由樓梯上層跳下。
・六歲以後，還不會單腳站五秒。

精細動作

・四個月不會自主性的抓握及注視置放在手中的鈴鐺。
・九至十個月不會準確地伸手去抓取物體，不會將物體由一手交到另一手。
・十二個月不會用兩個手指尖（拇指及食指）拿起一顆葡萄乾等小東西。
・十八個月不會將東西自主性地放開，不會把東西放入容器內。
・兩歲以後不會以塗鴉方式畫直線和圓圈，不會用湯匙餵自己吃飯，不會堆六塊積木。
・三歲以後不會仿畫圓圈，不會堆九到十塊積木。
・四歲以後不會仿畫「＋」。
・五歲以後不會仿畫正方形，不會扣大的扣子。
・六歲以後不會仿畫三角形及菱形，不會扣小扣子，不會使用剪刀。

語言發展障礙指標

下列指標中有任何一項出現問題時，應立即轉介語言治療師作進一步評量。

・對環境中聲音缺乏反應。
・生活中，沒有出現溝通行為（如餓了或想要某些東西

時，都不會表示，即使是用手指或聲音）。

· 似乎聽不懂我們對他說的話。

· 到了兩歲，仍沒有任何語彙出現。

· 三歲以後說話仍含糊不清，難以理解。

· 滿四歲後發音仍不清楚。

· 常答非所問，不知所云。

· 三歲以後仍不會使用一些簡單句子與表達意見。

· 已確知為發展障礙兒童者（如：聽力障礙、染色體異常、自閉症、腦性麻痺或智能不足者）。

認知與智能發展障礙指標

下列指標中有任何一項出現問題時，應立即轉介醫院復健科物理治療師或職能治療師作進一步評量。

· 對環境中聲音缺乏反應。

· 生活中，沒有出現溝通行為（如餓了或想要某些東西時，都不會表示，即使是用手指或聲音）。

· 似乎聽得懂我們對他說的話。

· 到了兩歲，仍沒有任何語彙出現。

· 三歲以後說話仍含糊不清，難以理解。

· 滿四歲後發音仍不清楚。

· 常答非所問，不知所云。

· 三歲以後仍不會使用一些簡單句子與表達意見。

· 三十六個月後對身邊生活事物處理能力低落，如不會脫簡單衣物，吃、如廁均有困難，無法正確指出四個以上身體部位的名稱，無法看圖命名（小狗、小鳥等）。

‧四歲以後仍不會講自己姓名，不會玩家家酒或「假裝」
的遊戲。

‧五歲以後不會數至十以上。

‧六歲以後仍不會命名三種顏色或說出三種相對詞。

資料來源：財團法人心路社會福利基金會，民91。

附件二　兒童發展里程碑

※此份兒童發展里程碑為幼兒的大略發展過程，提供父母參考，若僅有幾個月差距，未必是發展遲緩，尤其語言、社會性及身邊處理項目，與環境的教導有很大的關係。

	粗動作	精細動作	語言	人際社會關係
1-2個月	·俯臥時頭稍可抬起 ·俯臥時頭抬起45度	·會反射性抓住放入手中之物 ·眼睛隨物可轉動90度以上	·聽到聲音會轉頭 ·發出各種無意義聲音	·注意別人的臉 ·逗他會微笑
3-4個月	·俯臥時頭抬起90度 ·協助坐起時頭可固定 ·側躺	·雙手可移在胸前接觸 ·可將手抓住的物品送入嘴巴	·發出ㄚㄨ等牙牙學語聲 ·笑出聲音 ·偶爾模仿大人的聲調	·會自動對人笑 ·會注意其他孩子的存在
5-6個月	·拉小孩坐起，會稍用力配合，頭部會後仰 ·完全會翻身 ·坐著用雙手可支撐30秒	·兩手各可抓緊小物品 ·手會去玩弄繫在玩具上的線 ·會敲打玩具	·會因高興而尖叫 ·開始出現母音ㄚㄧㄨ	·自己拿餅乾吃
7-8個月	·肚子貼地式爬行 ·抱起會在大人腿上亂跳 ·坐得很好 ·雙膝爬行	·坐著時手會各拿一塊積木 ·會將積木由一手移到另一手 ·手像耙子一樣抓東西	·正確轉向聲源 ·發出ㄅㄚ、ㄇㄚ、ㄉㄚ聲 ·注意聽熟悉聲音	·會設法取較遠處的玩具 ·會玩躲貓貓
9-10個月	·扶東西可維持站的姿勢 ·可前進後退爬行 ·扶東西邊緣會移步 ·站著時會想辦法坐下	·以拇指合併四指鉗物 ·以食指碰觸或推東西 ·拍手 ·雙手各拿一塊積木相互敲打	·會隨著大人的手或眼神注視某樣東西 ·模仿大人說話 ·對叫自己名字有反應	·看到陌生人會哭 ·會抓住湯匙 ·可拉下頭上的帽子

11-12個月	·獨立站10秒 ·拉著一手可以走 ·單獨走幾步 ·蹲著可以站起來	·會把小東西放入杯子或容器中 ·以拇指和食指尖拿東西	·會揮手表示再見 ·知道別人的名字 ·有意義地叫爸爸、媽媽 ·以搖頭、點頭表示要或不要	·以手指出要去的地方或東西 ·不會流口水 ·會和其他的小孩一起玩

	粗動作	精細動作	語言表達	語言理解	社會性	身邊處理
12-14個月	·可維持跪姿 ·會側行數步 ·走得很穩，會轉身	·一隻手同時撿起2個小東西 ·可重疊2塊積木 ·可將瓶中物品倒出	·會模仿聽過的聲音 ·會用一些單字	·知道大部分物品的名稱 ·熟悉且位置固定的東西不見了，會找	·堅持要自己吃東西 ·會模仿成人簡單的動作，如：打人、抱哄洋娃娃	·會脫襪子 ·嘗試自己穿鞋（不一定能穿好）
14-16個月	·可獨自由趴著而手扶地站起來 ·隨著音樂做簡單跳舞的動作 ·扶著欄杆可以上下三格樓梯	·會打開盒蓋 ·自動拿筆亂塗 ·已固定較喜歡用哪一邊的手	·會說10個單字 ·會說一些2個字的名詞	·在要求下，會指出熟悉的東西 ·會遵從簡單的指示	·睡覺時要抱心愛的玩具 ·出去散步時，能注意路上各種東西	·自己拿杯子喝水 ·自己用湯匙進食（會灑出）
16-19個月	·自己坐上嬰兒椅 ·扶著可以單腳站立 ·一腳站立，另一腳踢球	·可以疊3塊積木 ·模仿畫直線 ·可認出圓形，並放入模型上	·會哼哼唱唱 ·至少會用10個單字	·了解一般動作，如：親親、抱抱	·被欺侮時，會設法抵抗或還手	·會表示尿片濕了或便便了 ·午睡不尿床
19-21個月	·能彎腰撿東西不跌倒 ·手心朝上拋球 ·由蹲姿不扶物站起	·模仿摺紙動作 ·會上玩具發條 ·模仿畫直線或圓形線條	·會說謝謝 ·會用言語要求別人做什麼	·回答一般問話，如：那是什麼？ ·了解動詞＋名詞的句子，如：丟球	·對其他孩子會表示同情或安慰	·會區分東西可不可以吃 ·會打開糖果包裝紙

21-24 個月	·自己單獨上、下椅子 ·原地雙腳離地跳躍 ·腳著地方式，帶動三輪車	·球丟給他，他會去捕捉 ·可一頁一頁翻厚書 ·疊高6至7塊積木	·會重複句子的最後兩個字 ·會講50個詞彙	·知道玩伴的名字 ·認得出電視上常見之物	·幫忙做一些簡單的家事 ·會咒罵玩伴、玩具	·脫下未扣釦子的外套 ·會用語言或姿勢表示要尿尿或大便
24-27 個月	·用整個腳掌跑步並可避開障礙物 ·可以倒退走10呎 ·不扶物，單腳站1秒以上	·模仿畫橫線 ·可用3塊積木排直線 ·可一頁一頁翻書	·懂得簡單的數量（多、少）、所有權（誰的）、地點（裡面、外面）等觀念	·稍微有一點「過去」的觀念 ·了解上、下、裡面、旁邊等位置觀念 ·知道在什麼場合通常做什麼事	·會去幫助別人 ·會和其他孩子合作做一件事或造一個東西	·在幫忙下，會用肥皂洗手並擦乾
28-30 個月	·雙腳跳躍一段距離 ·向前翻觔斗 ·單腳可以跳躍2次以上	·疊高8塊積木 ·會用打蛋器 ·玩黏土時，會給自己的成品命名	·會問「誰」、「哪裡」、「做什麼」等句子 ·會用「這個」、「那個」等冠詞	·知道「明天」意味不是「現在」 ·會回答「誰在做什麼」的問句	·對幼小的孩子會保護 ·會告狀	·白天可控制大小便 ·會拉下褲子，準備大小便
31-36 個月	·一腳一階上下樓梯 ·單腳可平衡站立 ·會騎小三輪車 ·會過肩投球	·模仿畫圓形 ·用小剪刀（不一定剪得好）	·會正確使用「我們」、「你們」、「他們」 ·會用「什麼」、「怎麼會」、「如果」、「因為」、「但是」等詞句	·會回答有關位置、所有權及數量的問話 ·會接熟悉的語句或故事	·會找藉口以逃避責罰 ·自己能去鄰居小朋友家玩	·自行大小便 ·能解開一個或一個以上之鈕釦

年齡	粗動作	精細動作	語言	認知	社會	生活自理
3-3.5歲	・走路時，兩手交互擺動 ・可繞障礙物跑過去 ・丟球可丟10呎遠 ・想辦法用手臂接球 ・單腳站5秒	・會蓋、開小罐子 ・可完成菱形圖的連接線 ・模仿畫十字	・會用否定命令句，如：不要做…… ・會用「這是……」來表達 ・會用「什麼時候……」的句子	・了解「大小」、「上下」、「前後」、「裡外」 ・能回答「這是誰的」、「為什麼」等問題	・會道歉；當做錯事時，會說「對不起」 ・已有一個要好的同伴 ・會給小朋友一些暗示	・從小水壺倒水喝，不會潑得到處都是 ・自己脫衣服 ・晚上不會尿床
3.5-4歲	・可接住反彈球 ・以腳趾接腳跟向前走直線 ・原地單腳跳	・自己畫十字形 ・模仿畫×	・可解釋簡單圖畫 ・圖畫字彙至少可以說出14種以上	・能回答「有多少」、「多久」的問題 ・了解「昨天」、「今天」的意義	・會與其他小孩在遊戲中比賽 ・會自己過斑馬線或過街	・會穿長統鞋子 ・自己洗臉、刷牙（但洗得還不好）
4-4.5歲	・以單腳向前跳 ・向上攀爬垂直的階梯 ・過肩丟球12呎 ・單腳站立10秒	・照樣寫自己的名字 ・25秒鐘內可將10個小珠子放入瓶中 ・用剪刀剪直線 ・跟著摺紙：對摺→再對摺→再對摺成三角形	・正確使用「為什麼」 ・為引起別人的注意，會用誇張的語調及簡單語句 ・至少能唱完一首完整的兒歌 ・用「……和……」、「……靠近……」、「在……旁邊」	・了解「多遠」 ・會區分相同或不同形狀	・沒有人照管下，在住家附近蹓躂 ・會在遊戲中稱讚或批評別的小朋友的行為	・穿鞋不會弄錯腳 ・自己上廁所（包括清潔、穿好褲子）

年齡						
4.5-5歲	· 單腳連續向前跳2—3碼 · 騎三輪腳踏車繞過障礙物 · 雙腳跳，在5秒內能跳7—8次	· 會寫自己的名字 · 會畫方形，但畫得還不好 · 用剪刀剪曲線 · 用繩索打結、繫鞋帶 · 能扣釦子和解釦子 · 能畫身體3個部分	· 會用「一個」 · 會說出簡單相反詞 · 會由1數到10或以上	· 懂得「加多一點」及「減少一點」 · 會在要求下指出一系列東西中，第幾個是哪一個	· 會同情、安慰同伴（用言語） · 和同伴計畫將來玩什麼	· 會穿襪子 · 扣襯衫、褲子或外套的釦子 · 晚上會自己上廁所
5-5.5歲	· 踮腳尖可平衡站立10秒 · 用雙手接住反彈的乒乓球 · 主動且有技巧地攀、爬、滑、溜及搖擺	· 自己會寫一些字 · 20秒內將10個珠子放入瓶中 · 會寫1-5的數字 · 會畫三角形	· 可說出物品的用途；如：帽子是戴在頭上的 · 會說6個單字的意思 · 會說出3種物體的成分	· 會區分「最接近」、「最遠」、「整個」、「一半」 · 能依要求正確找出1-10所要的數字	· 在遊戲中有些性別區分 · 會選擇要好的朋友 · 遊戲中會遵守公平及規則	· 自己換上睡衣或脫下衣服 · 能將食物組合在一起；如：三明治
5.5-6歲	· 有韻律地兩腳交換跳躍 · 跑得很好 · 可以用手接住丟來丟去的球（5吋大） · 以腳趾接腳跟倒退走直線	· 以拇指有順序地碰觸其他四指 · 將鞋子鞋帶穿好 · 能畫身體6個部分	· 能很流利地表達 · 可經由點數區分兩堆東西是不是一樣多	· 了解「以前」、「以後」 · 區分「左右」 · 能認識一些注音符號及國字	· 會玩簡單遊戲；如：撲克牌 · 和同伴分享秘密（不告訴大人）	· 會用刀子切東西 · 自己會梳頭髮 · 自己繫鞋帶

資料來源：台中榮民總醫院兒童醫學部。

附件三

藍玫瑰
The Blue Rose

珍妮是個小女孩——
是個可愛的小女孩。
她有褐色的明眸
和深褐色的秀髮。

如果她的頭髮
遮住了眼睛
她就把它撩開。
但她的手
不是一下子
就直伸到額上。

而是先曲伸著手指
像一朵鮮花
初張開花瓣。
然後才把
垂下的頭髮
從眼睛前撩開。

你要明白，珍妮是不同的。
不同嗎？
是的，和多數小女孩不同。
當然人不必全都一樣，
想法一樣，
動作一樣，
或容貌一樣。

在我看來，珍妮像一朵藍玫瑰。
一朵藍玫瑰？

你可曾見過
藍色的玫瑰？
有白玫瑰、粉紅玫瑰、
黃玫瑰，
當然還有許多紅玫瑰。
但有藍的嗎？

　　　　　　　　每個園丁當然
　　　　　　　都希望能培育出藍玫瑰。
　　　　　　　人們定會從老遠趕來看它。
　　　　　　　它稀罕，不尋常，美麗。
　　　　　　　珍妮也不同尋常，
　　　　　　　因此可以說，她像一朵藍玫瑰。

珍妮第一次到家時
剛出醫院──是個紅潤的嬰兒，
圓圓胖胖，逗人喜歡──
她經常啼笑
比多數嬰兒更會笑。
為什麼？
也許　她看到不同的影子

　　　　　　　受了驚嚇；
　　　　　　　聽到了怪聲音
　　　　　　　心裡害怕。
　　　　　　　珍妮稍微長大，
　　　　　　　總是寸步不離母親
　　　　　　　緊緊地抓著母親的手。
　　　　　　　你知道，一隻小貓失去了尾巴

據說聽覺會更加靈敏。
尾巴確實可以
助使小貓跑得快些。
但是沒有尾巴的小貓聽覺更靈敏，
能比其他小貓
更早察覺自遠而近的腳步聲。
有些人不知道小貓的耳朵靈敏，
只看見牠少了尾巴。

有些孩子沒有惻隱之心，
看著小貓嘲笑說：
「這隻貓沒有尾巴！這隻貓沒有尾巴！」
有時候，珍妮會
奔向媽媽
緊緊地抓著她的手。

完全看不出
有什麼理由。
至少在我們看來
沒有理由。
於是我們漸漸了解
珍妮的世界有不同，

在某些方面，
是我們無法理解的。
我們開始想到
她所處的世界
也許是我們
不能完全習慣的。
要是進入了她的世界
也許有一點像去到
另一個星球。

從某方面來說，
珍妮猶如
站在屏幕後面，
一道我們看不見的屏幕後面。
也許這屏幕
顏色鮮艷
也許它的色彩
吸引了珍妮，
以致有時我們跟她談話，
她竟毫不注意，
也許是她在聽
我們所聽不到的音樂。

據說，
魚有自己的
語言和音樂，
由水波傳送。
有些音樂我們聽不到，
因為我們的耳朵不夠靈敏。

所以珍妮可以聽到
我們從未聽過的聲音。
也許這就是為什麼
她有時會跳起來
獨個兒跳著古怪的舞蹈。

我有時覺得珍妮像隻鳥，
一隻有極短翅膀的鳥。
對這種鳥來說，
學飛是困難的，
需要付出更多氣力，
更多努力，更多時間。
有正常翅膀的鳥，天生會飛，
但是短翅膀的鳥
必須多費許多氣力去學飛。
也可以說，必須更聰穎。

因此我們必須了解
珍妮每學會一件事
她付出了多麼大的努力。
但是珍妮還有她的另一面。
這個珍妮，
在一個風雨交加的冬日下午，
獨自坐在她的小搖椅上，
搖著，
懷裡抱著她的洋娃娃。
她是那麼困惑，迷惘，
她緩緩地說：
「媽媽，莎莉說我遲鈍。
這話是什麼意思，媽？

　　　　　　　　　遲鈍？
　　　　　　　　　那些孩子說遲鈍，
　　　　　　　　　然後大笑。」
有許多事情珍妮不了解
珍妮的許多事情
別人也不了解。
珍妮正如
一隻沒有尾巴的小貓，
能聽到不同的音樂；
　　　　　　　　　珍妮正如
　　　　　　　　　一隻短翅膀的鳥，
　　　　　　　　　需要保護。

珍妮像一朵藍玫瑰，
嬌嫩可愛。
因為藍玫瑰稀有，
我們對它不夠了解。
　　　　　　　　　我們只知道
　　　　　　　　　它們需要受更細心的培育
　　　　　　　　　和更多的愛護。

　　　　　　　　　　　作者：Gerda Klein

第十三章

多重障礙兒童

一、 定義

多重障礙不一定是指一個兒童同時具有兩種以上之障礙，根據特殊教育法第三條第二項第九款所稱多重障礙，指具兩種以上不具連帶關係且非源於同一原因造成之障礙而影響學習者（教育部，民95）。例如一位智能障礙兒童，在發生車禍以後，腿部需要截肢，又變成肢體障礙，如此兩種障礙非源自同一原因，即被鑑定為多重障礙。多重障礙鑑定之標準，由中央主管教育行政機關會商相關機關定之。

二、造成多重障礙的原因

依據主要障礙可簡單分為：以智障為主、以視障為主、以聽障為主、以肢障為主及其他某些顯著障礙（全國教師會選聘服務網，民97）。多重障礙成因可區分為（林宏熾，民89；闕月清，民97）：

(一)懷孕時期

1.染色體異常

2.酒精或藥物中毒

3.新陳代謝失調

4.病菌或細菌感染

5.母親嚴重營養不良

6.RH血液因子不合症

(二)生產時期

1.缺氧

2.使用產鉗不當

3.胎盤早期剝離、前置胎盤所引起的子宮出血

4.母親休克、多胞胎

(三)產後病變

1.新生兒過高疸紅素（核黃疸）

2.腦部感染（日本腦炎、腦膜炎、腮腺炎、麻疹、德國麻疹、水痘）

3.幼年時肌肉骨骼病變（幼年變形性軟骨炎legg-perthe＇s disease、幼年性風濕性關節炎）

4.肌肉骨骼病變（進行性肌肉萎縮 progressive muscular、成骨不全或骨質疏鬆 dystrophy osteogenesis imperfecta）

5.骨髓感染（骨髓炎osteomyelitis）

6.顱內腫瘤、骨性腫瘤

7.腦部外傷（車禍、跌傷所引起顱內或腦內出血、運動傷害）

8.其他（注射不當、運動傷害、截肢）

三、身心特質

多重障礙通常是指伴隨兩類或兩類以上的障礙，而導致之

嚴重學習問題，無法藉由單一的特殊教育而滿足其需求者。多重障礙之鑑定，須符合各單類障礙之鑑定標準，也就是說：同時具有兩類以上生理功能的障礙，這些障礙各有其病因，並不是因為障礙間的因果關係而造成的（台灣大學資源教室，民97）。多重障礙既是生理、心理、智能或感官上兩種或兩種以上的障礙，所以很難對多重障礙有一致性的描述。但其較不會正確表達自己的需要、經常用肢體動作來傳達自己的需求、自我控制力差、情緒激動時會有自傷的行為（彰化縣成功國中資訊網，民97）。

多重障礙兒童的障礙，不是兩種障礙相加的總和，而是相乘的結果。因此，彼此之間的差距性遠大於共同性，多重障礙兒童主要身心特徵說明如下（林宏熾，民92；林美修，民94；鄭光明，民94；謝玉姿，民94）：

(一)智力

大多數的多重障礙兒童在智力上有障礙。

(二)社會情緒特徵

多重障礙兒童的社會行為，可分為不適應行為與不適當行為。不適應的反應，例如遇到陌生人會興奮尖叫、表現熱情、主動與別人握手或擁抱陌生人，但有些則表現退縮、對別人的招呼沒有反應，甚至沒有察覺環境中別人的存在；不適當行為包括自傷行為、刻板行為。

(三)健康狀態不良

多重障礙兒童具有高度的異質性，其健康程度也有很大的

差異，雖然有些多重障礙的兒童健康狀態良好，但和正常兒童相較之下，大多顯示出嚴重的心臟、呼吸、飲食、消化及其他症候群等健康上的問題。

(四)溝通技能不良

大多數的多重障礙兒童無法表達自己的需要，也較難瞭解他人，多重障礙兒童在溝通技能上有這些障礙，因而影響他獨立生活適應與人際之間的關係。

(五)固著行為

多重障礙學童會有固著行為，包括過度的擺動身體、搖晃頭部、含手指、不斷擺動手部或手指、玩口水、吃食異物、反芻、怪異行為等，這樣的行為深深的影響他們的學習和與同儕的互動。

(六)生理與動作發展上的障礙

大部分重度障礙的兒童因肢體畸形或因沒持續物理治療而惡化，行動因而受到限制，有的不能走，有的不能坐，有的不能站起來，部分的動作表現遲緩。

(七)自我協助的技能缺陷

多重障礙缺乏自我的能力，無法獨自處理日常生活中的各種需要，如：穿衣、飲食、大小便和維持個人的衛生。

(八)不常與人互動

多重障礙兒童不像一般正常兒童會與成年人互動，也不會主動地去尋求周圍的各種訊息。事實上，多重障礙兒童所帶來的限制，使這些兒童有時幾乎與外界隔離，少與正常同儕互動，很難獲得環境中的訊息。

四、鑑定

多重障礙兒童的鑑定內容，可分為幾方面加以說明（多重障礙鑑定流程資訊網，民97）：

1. **一般醫療檢查**：一般身體檢查、藥物治療史檢查、詳細健康檢查、完整物理醫學檢查、生理發展史檢查、神經與肌肉之內外科治療史檢查、反射功能與狀況檢查、兒童輔具器材檢查、建議與附加檢查等等。
2. **治療評量**：物理治療評量、職能治療評量、語言治療評量。
3. **教育評量**：智力、成就、性向等測驗、知覺－動作技能測驗、溝通技能測驗、社會情感發展測驗、適應行為測驗、職業輔導評量。
4. **護理評量**：家庭健康問題評估、藥物治療評估、防疫紀錄評估、衛生護理需求評估等。

五、教育原則

大多數的多重障礙學生（如腦性麻痺）在認知能力或精細動作有困難，在使用口語模式有困難。因此，教學時必須注意以下的五個原則（國立教育資料館，民97）：

(一) 選擇適合的溝通模式

每一位多重障礙兒童可能有不同的溝通模式，故教師宜針對不同兒童的不同溝通需求給予滿足。

(二)依學生個別需求訂定教學目標

每一位多重障礙兒童都有個別差異，在學習上也有不同的需求，所以教師宜針對個別兒童的狀況，訂定教學目標。

(三)適性教育

選擇符合其生活經驗的教材，並在實際的生活情境中進行，讓兒童能更具體的學習，與生活做一結合。

(四)共同參與教學

為了讓多重障礙兒童學習更具效率，教師、專業人員（如物理治療師、語言治療師、職能治療師等）與家長應常召開個別化教育計劃（IEP）會議，達成共識，共同進行教學。

(五)加強溝通輔具的配合運用

如簡易溝通板、標示牌、微電腦語言溝通板等溝通輔具應用在教學上，以增進教學效果。

六、多重障礙兒童特殊教育需求

根據安蘭桂（民94）的研究指出，多重障礙兒童對於輔具需求最高，但在教育器材尚嫌不足。陳奇磊（民96）使用自編的電腦模擬軟體，學生在接受電腦情境式模擬溝通教學後，發現實用數學課情境的口語溝通百分比、下課情境的口語溝通百分比、休閒教育課情境的口語溝通百分比等均有立即提升的效果，且效果可以維持。裘素菊（民93）亦表示，電腦輔助教學對兒童在實用語文－圖像、聲音、文字之習得及人際溝通互動均有顯著成效，此外還能引起學童高度的學習動機與興趣。科技輔具不僅可以補償身心障礙兒童失去的能力，還能大幅提升他們殘存或較為不足的能力（吳雅萍，民92）。

由以上文獻可知，多重障礙兒童的特殊教育需求包括：各種輔具、電腦軟體、電腦輔助教學等。

七、教育安置

目前六至十五歲學齡階段多重障礙兒童的教育安置仍以特殊學校、在家巡迴教育及醫院教學為主。說明如下：

(一)特殊學校

此種安置模式又分通學制與住宿制兩種，多重障礙學生在此一特定的學校環境中，由特殊教育老師及相關專業人員提供專業服務，不過僅適合重度或極重度多重障礙的學生。

(二)在家教育

對於少數因生理障礙、身體病弱或機能損傷而需在家休養的多重障礙學生，由學校或教育當局派遣特殊教育老師或相關人員至學生家中進行特殊教育與服務的一種方式。在家教育的優點除了家長是積極的照顧者能共同分工照顧、能建立與學童溝通互動的方式外，巡迴輔導教師提供教學及輔具給予很大的幫助；但缺點為學童生活完全以家庭為中心，缺少與同儕接觸的機會；且家庭經濟狀況不同，對學童的照顧層面因而有別、輔導人員不固定、輔導人員因須兼行政工作無法專職專用（張秀媛，民94、林鳳芳，民95）。

(三)醫院教學

對於少數因生理障礙、身體病弱或機能損傷而需住院治療的多重障礙學生，由學校或教育當局派遣特殊教育老師或相關人員至醫院進行特殊教育與服務的一種方式。其優點乃對學生的病情及醫療較能掌握；缺點除了無法與同儕相處外，醫院是更大的感染源，可能導致其他疾病的產生。

現在及未來對多重障礙學生的安置趨勢，將會朝著不同的方式做安排，說明如下：

(一)普通班

　　多重障礙學生完全回歸普通班進行學習活動，由普通班教師擔任所有教學活動，普通班老師接受特殊教育課程訓練，或向特殊教育專家相關學者諮詢並請求協助及支援。當然，最重要的是普通班的老師要完全的接納多重障礙學生，讓學生能在最有利的情境下學習。

(二)普通班附設巡迴輔導

　　多重障礙學生安置普通班進行回歸融合學習活動，並由巡迴輔導教師或專業人員在教學當中，提供必要的學習協助。

(三)資源教室

　　多重障礙學生大部分時間在普通班，由普通班老師進行回歸融合學習活動，少部分時間在資源班，由特殊教育或專業人員提供特殊教育之服務。

(四)機構教育

　　國內多數幼稚園仍缺乏特教師資與相關輔助設施，因此多重障礙幼兒多被安置於教養機構接受特殊教育服務（李素娟，民92）。陳慶章（民90）表示，家長對多重障礙兒未來的安置需求，多數傾向由機構來收容。因此，對教養機構的相關人員（如保育員）的在職教育就顯得格外重要。

參考書目

全國教師會選聘服務網（民97）。民國97年1月8日，網址：
http://forum.nta.org.tw/examservice/index.php

多重障礙鑑定流程資訊網（民97）。民國97年1月2日，網址：
http://w3.nioerar.edu.tw/longlife/newsite/body/body02-
2.htm#a2

安蘭桂（民94）。《早期療育機構中輔具需求之現況調查研
究》。私立樹德科技大學幼兒保育學系碩士論文。

吳雅萍（民92）。《極重度多重障礙學生運用輔助性科技之個案
研究》。國立彰化師範大學特殊教育學系碩士論文。

李素娟（民92）。《功能性評量對多重障礙幼兒問題行為處理成
效之研究》。國立台東大學教育研究所碩士論文。

林宏熾（民89）。《多重障礙學生輔導手冊》。教育部特殊教育
小組主編。國立台南師範學院印製。

林宏熾（民92）。《身心障礙者生涯發展與轉銜服務》。桃園縣
政府轉銜服務講習資料。

林美修（民94）。《重度與多重障礙兒童在融合式適應體育教學
中的社會互動》。國立台北教育大學特殊教育學系碩士論
文。

林鳳芳（民95）。《在家教育身心障礙學童生活世界與教育介入
之研究一以三位彰化縣學童為例》。私立南華大學生死學碩
士論文。

國立教育資料館（民97）。民國97年1月10日，網址：

http://3d.nioerar.edu.tw/2d/special/lesson/lesson_0208.

張秀媛（民94）。《屏東縣在家教育學童家長親職壓力之研究》。國立屏東師範學院教育行政碩士論文。

教育部（民95）。身心障礙及資賦優異學生鑑定標準。

陳奇磊（民96）。《電腦情境式模擬溝通教學對國小重度多重障礙兒童口語溝通能力成效之研究》。國立台中教育大學特殊教育與輔助科技碩士論文。

陳慶章（民90）。《身心障礙教養機構印象之研究》。國立中山大學中山學術研究所碩士論文。

裘素菊（民93）。《電腦輔助教學對國小中重度智能障礙兒童實用語文合作學習成效之研究》。國立花蓮師範學院特殊教育教學碩士論文。

彰化縣成功國中資訊網（民97）。〈身心障礙學生身心特質與輔導策略〉。民國97年1月10日，網址：http://www.ckjh.chc.edu.tw/~guide/spead/teacherad.doc

台灣大學資源教室（民97）。〈認識身心障礙〉。民國97年1月10日，網址：http://homepage.ntu.edu.tw/~rer/know.htm

鄭光明（民94）。《多重障礙學生含手行為的功能分析與介入之研究》。台北市立師範學院身心障礙教育研究所碩士論文

謝玉姿（民94）。〈多重障礙學生之教學輔導〉。國立台灣師範大學體育與研究發展中心，第15卷第1號，86期，頁1-2。

闕月清（民97）。〈多重障礙學生個別化教育計畫〉。民國97年1月3日，網址：http://140.122.72.29/text/09/02.pdf

附錄一　個別化教育計畫

○○學年度○○國民中學個別化教育計畫

編號：_____　　會議日期：____年____月____日

校名：　○　○　國　中　　　填表日期：____年____月____日

班級：　三　年_____班　　　　填　寫　者：　王麗美

一、基本資料

學生姓名：____○○○____　性別：__男__　身分證字號：_____

出生：○ 年 ○ 月 ○ 日

住址：_____

家長或監護人：○ ○ ○　電話（一）：_____

　　　　　　　　　　　　電話（二）：_____

殘障手冊：□無　☑有（續填）

手冊記載類別：___智障___　障礙程度：___輕度___

台北市鑑輔會鑑定類別：___智能不足___　障礙

二、健康狀況

（一）身體狀況

□健康，很少生病　☑偶生小病　□常生小病　□體弱多病　□特殊疾病

（二）相關障礙

□智障　□聽障　□語障　□視障　□學障　□肢障　□自閉症　□腦傷　□癲癇　□活動過度　☑情緒障礙　□服用藥物　□知動障礙　□其他_____

（三）障礙特徵描述

該生在學科表現上顯著低落同年齡者約三個年級，閱讀時不流暢，口語不清晰，且無法以完整句子表達其想法，情緒不穩定，有憂鬱、焦慮等問題，遇到不如意，則以「不說話」回應，讓想要幫助者，倍感辛苦。

（四） 其他特殊病史	

1.出生時黃疸過多，但沒有換血。
2.小學五年級暑假曾接受心理治療及語言治療，但因案主不配合，故效果不好。
3.國二時曾在醫院被診斷為焦慮症（social anxiety disorder）。

三、家庭現況概述

家庭成員	家庭樹： 父 □─○ 母　兄 □　個案 □　○ 妹	
家庭狀況	父母婚姻狀況	□良好 □尚可 ✓關係不佳 □分居 □異離 □其他＿＿＿＿＿＿
	家人關係	□和諧 □尚可 ✓冷漠 □其他＿＿＿＿＿
	手足關係	□和諧 □尚可 ✓冷漠 □其他＿＿＿＿＿
	主要照顧者	□祖父母 □父 ✓母 □其他
	經濟狀況	□富有 □小康 ✓普通 □清寒 □其他＿＿＿＿＿＿＿＿＿＿
	主要經濟來源	□祖父母 ✓父 □母 □其他＿＿＿＿＿＿
家庭環境	住家區位	□住宅區 □新興社區 ✓傳統社區 □商業區
	住家類別	□電梯大樓 ✓公寓（2）樓 □透天厝 □一樓平房
	住家環境	✓清靜 □吵雜 □其他
	住家通路	✓巷道規整 □巷道複雜 □其他
	室內布置	□華麗 □潔淨 □老舊 □雜亂 □其他＿＿尚可＿＿＿
特殊記錄	從小因該生的身心特質，加上母親的人格特質及求好心切，使母子間關係緊張、疏離，該生不願開口與其母說話，為此該生會遭其母嚴厲的管教，以致長期來，該生有自閉、畏縮、膽怯的傾向。	

相關影本黏貼處（含生理檢查、身障手冊、重大傷病證明卡、聽力圖、檢查表）

四、評量記錄（含標準化測驗及非正式評量：如觀察、晤談、檢核表等）

評量方式或工具	評量日期	評量者	結果摘要
魏氏兒童智力量表	○.1.18	林○○	語文智商67 作業智商70 全量表66 （因素指數分數） 語文理解68 知覺組織84 專心注意69 處理速度79 就整體而言，該生許多能力皆屬輕度智能障礙，然從其知覺組織分數、處理速度分數可看出該生在非語文的測驗上，有較好的表現。
新編中華智力量表	○.04.30	陳○○	原始分數(65) IQ72
瑞文氏圖形推理	○.11.22	蘇○○	原始分數(33) PR8
學習行為特徵檢核表	○.11.22	賴○○	讀寫障礙：（32） ☑未達 □輕 □中 □重 數學障礙：（36） □未達 ☑輕 □中 □重 發展性障礙：（56） □未達 ☑輕 □中 □重 該生在讀寫上屬正常，故其對國語文的學習，也較特教班其他學生為好。
國小高年級成就測驗（國中入學成就測驗）	○.03.26	曾○○	語文原始分（25）百分等級（14） 數學原始分（14）百分等級（ 4 ）
觀察	○.09.27	王麗美	（一）該生疑似文化刺激不足所造成之智能障礙，導致學業成就低落（與普通班比較），特別是主要照顧者對其之疏離現象，使個案障礙情況凸顯，然其潛力應會在環境改善後展現出來，故親職教育為個案現階段相當重要的一部分。 （二）1.情緒不穩：該生平均每星期皆會有二

觀察	○.09.27	王麗美	至三天，從家中帶情緒到學校，以致影響其學習。 2.反應閾強：只要別人說及他的不是，即以發脾氣或臉色下沉來表達不高興。 3.自卑感重，自我形象低落：常覺得自己很差，總是告訴輔導者，他不喜歡自己，因為沒有女生喜歡他。 4.容挫力低：一遇困難，馬上以不說話來表示不願再繼續。 5.對異性好奇：經常藉故或偷摸班上女生的身體，也會暗戀普通班「笑容可掬」的女生，會找理由、機會去看這些女孩。 6.缺乏社會技巧：除班上同學外，不知如何去結交朋友，幾乎沒有其他朋友。想與人談話，卻不知如何開口，通常會不吭聲，靜靜站在別人後面，讓人嚇一跳。
家訪	○.11	王麗美	（一）父母不了解孩子特質 　　　老師一再說明孩子的特質與哥哥、妹妹不同，但父母仍堅持是孩子自己不聽話，個性不好。 （二）父母關係及母親特質 　　　該生父母關係不佳，曾於○學年間鬧離婚，倔強的母親遷怒於該生，且會與該生「拚」堅持度，致使母子間關係經常呈現緊張的僵局。 （三）手足感情不佳 　　　哥哥在母親影響下，對該生管得很嚴，妹妹更看不起該生。 （四）在家的無聊與無助 　　　該生因感受不到家庭溫暖，在家又無人可談話，加上母親不願讓其外出，在家益顯無聊與無助。

五、學生現況描述

項目	能力現況描述	修改 （須註明日期）
認知能力	（記憶、理解、推理、注意力） 該生在本項特質上，雖不似一般學生，但以特教班而言，屬不錯的學生，然對抽象問題的思考、理解、推理仍有困難。其對一般性事物的記憶，似乎有選擇性的短暫遺忘現象，例如早上情緒不錯，中午突然會想到昨晚的不愉快而發脾氣，讓別人莫名其妙。	
溝通能力	（語言理解、語言表達） 語言的理解在特教班亦屬不錯，唯語言的表達上，語音通常較不清晰，語法上會沒有主詞、介系詞。	
學業能力	國語：（閱讀、書寫）——以特教班教材為例 　　1.口述講解課文皆能聽懂。 　　2.有關課文中的問答題能抓住重點約80％，能從課文中找出答案約80％。 　　3.常不能說出完整的句子（沒有主詞）；作業報告時亦無系統，口齒不清，只能造單句。 　　4.一般常用文字的書寫，認讀約80％。 數學：加、減、乘、除等基本數學能力沒有問題，在應用問題上，較感困難，分數與小數互換觀念差，然目前該生在啓智班B組屬第一。（B組程度高於A組） 英文：1.字母大小寫全會。 　　2.對老師教過的單字、基本句會自己唸讀80％，理解80％。 　　3.在書寫上，仿寫沒問題。	
生活自理能力	（飲食、排泄、盥洗、儀表、衣著整理、穿脫衣服、出外旅遊等等） 該生在吃、喝、如廁、穿、脫、清洗與衛生等方面均沒問題。	
動作行動能力	（精細及粗大動作、操作、動作協調、運動機能等等） 該生身材瘦小、臉色蒼白，平日動作、行動能力有緩慢的「習慣」，精細、粗大動作都做得不甚好。	

情緒及 人際關係	（人際關係、情緒控制、行為問題等等） 本項為目前該生最值得關切的部分，容挫力 低、自我中心、固執、情緒不穩、敏感、經常 想引人注意、臉上會出現不適當的笑容，唯在 人際關係上，因老師們的輔導，加上該生長得 可愛，故特教班同學都能因了解而給予包容， 但沒別的朋友。	
其他	1.該生因家庭環境因素，家長也較不了解孩子 　的特殊性，以及長期親子關係緊張（孩子不 　願意與母親說話），手足不睦，孩子在家常有 　焦慮、寂寞、無聊之感，再加上正值青春 　期，現階段該生焦點全擺在「性」方面，故 　有自慰頻繁，曾因發炎而看醫生，經過一年 　的輔導下，已有改善，目前仍在輔導中。 2.該生在○年○月，臉上常有曖昧表情，眉毛 　往上吊的情形出現，經深入了解，乃知是想 　學別人「酷」與「帥」，但因非自然，故讓別 　人覺得討厭，目前已在輔導下改善。 3.該生與其母因細故，二人關係呈現緊張局 　面，其父過去較少把心放在孩子身上，在老 　師的一再溝通、說明，已漸能接納，也介入 　處理，故暫時平息僵局。	

六、學生學習能力優缺點綜合摘要

優點	缺點
1.該生係屬文化刺激不足的孩子，其 　潛力仍待啟發，尤其在正常情境， 　穩定的情緒下，在某些學習、與熟 　悉的班上同學互動表現上，亦能達 　正常水準，故若能改善親子關係， 　現況的突破，指日可待。 2.值得一提的是，該生每天均能按時 　繳交作業，故仍可看出責任感的一 　面。	1.在日常生活學習上較不積極，非常 　被動、畏縮，個人工作常須他人協 　助完成。若為分組工作，該生則經 　常顯出無所事事，需老師、同組同 　學的催促。 2.面對陌生人更是被動，不愛說話， 　如在施測時，會被認為答不出或不 　會，故有低估其能力的現象。 3.與人溝通時常以簡短的語詞回應， 　對開放式的問話，會習慣性以最簡 　短的句子出現。 4.容挫力低、情緒化。 5.遇困不會向外求援。

七、學生障礙狀況對其在普通班上課及生活造成的影響（包括適合學生之評量方式及特殊需求）

　　以該生的敏感、容挫力低，以及孤僻言行、情緒不穩、障礙特質，在普通班較不易為一般學生接受，在學習上也會更為辛苦和挫折，故現階段仍以特教班的安置是較適當的。

八、學生需求分析

需 求 內 容	處 理 方 式
語言治療	請復健科語言治療師進行治療
心理治療與醫學診斷	請家長帶個案至醫院診斷與治療
個別輔導	個管員長期追蹤輔導
親職教育	請家長參與本校親職座談外，平日導師、個管員與家長緊密聯繫，實施親職教育。
兩性教育	透過相關課程進行輔導。
社交技巧	透過相關課程進行輔導。
社政介入	轉介○○服務中心。

九、教育安置與服務方式

（一）主要安置環境

特殊教育班：☑啟智類　　□啟聽類　　□啟仁類
□普通班（接受資源班服務）　　□在家教育　　□其他（請註明）＿＿＿＿＿

（二）接受特殊教育或融合教育之內容

班別	地點	領域或科目名稱	使用時間	週/節課	起迄日期	負責人
○○○	特教班 （啓智班）					

地點：指A.特教班（寫出類別）如：啓智類、啓聰類、啓仁類、資源類
　　　　　B.普通班　　C.學校安排的補救教學　　D.其他（請註明）
使用時間：如原班原科目、週會、午休、自習、其他科目上課時間等

（三）相關專業服務（語言、職能、物理、心理治療或社工等）

服務內容	服務方式 （直接治療、 諮詢等）	頻率	起迄日期	負責人
語言治療	個別輔導	4週1次，每次45分鐘	○○-○○	○○○
輔導	個別輔導	1週1次，每次45分鐘	○○-○○	○○○
心理治療	直接治療	4週1次，每次45分鐘	○○-○○	○○○

（四）行政支援（交通服務、輔具提供、無障礙環境
　　　設施、問題行為處理、排課協調）

項目	方式	負責單位（人）
問題行為處理	聯絡○○服務中心	○○○

（五）轉銜服務（職業教育、技藝輔導、就業輔導、
　　　進路輔導等）

項目	計畫內容	負責單位（人）
升學輔導	升學管道與科系選擇分析 1.對家長本學年計2次，透過親職座談來進行。 2.對學生本學年透過相關課程進行。	○○○
個別輔導	情緒管理：每週一次。	○○○
心理治療	藥物治療：視醫師指示而定。	○○○
親職教育	如何與孩子溝通、父母的角色扮演：每月至少一次。	○○○
職業教育	職業試探與陶冶：透過正規的相關課程進行。	○○○
福利服務	身障者的福利服務：透過親職座談宣導。	○○○
社會資源運用	危機時，如何尋求社會資源的協助，透過社會適應課程進行。 對學生──發生危機向誰求助。 對家長──發生危機向誰求助。	○○○

（六）個案學生課表

	週一	週二	週三	週四	週五	週六
早自習						
第一節						
第二節						
第三節						
第四節						
午休						
第五節						
第六節						
第七節						

	地點與方式	符號	每星期上課節數	其他或修改（請註明日期）
綜合說明	普通班	△		
	入普通班協助	◎		
	資源教室	＃		
	特教班	☆		

※請在課表欄內將學生所接受的特殊服務地點與方式，用綜合說明欄之代號列於該科目後

（七）學年教育目標

年度目標	（領域範圍）
1.能把在家發生的事說出來。	社會適應、生活教育、實用語文
2.能開口和媽媽說話。	社會適應、生活教育
3.學會基本的社交技巧，會主動向外求援。	社會適應、生活教育
4.學習與異性相處的禮儀。	生活教育、社會適應
5.學會疏解壓力的方法。	生活教育、社會適應
6.學會控制自己的情緒。	生活教育、社會適應
7.會主動去完成團體活動上的個人分工。	各科各領域

十、家長意見

十一、參與會議者簽名欄

（日期：　年　月　日）

職稱	姓名	簽名	職稱	姓名	簽名
個管教師					
教師					
教師					
教師					
教師					
教師					
教師					
教師					
教師					
校長簽名			輔導主任簽名		
特教組長			家　　長		

十二、個別化教育計畫

學生姓名	○○○	性別	○	生日	○年 ○月 ○日	
班級	○○○	本計畫有效期限		○年 9 月 1 日－ ○年 6 月 30 日		
科目領域	班級組別	負責教師	長期目標			備註
生活教育	○○	○○○	1.能了解自我與他人			
			2.能認識自然與環境			
			3.能了解身心的健康			
			4.能認識安全的生活			
			5.能了解家庭的生活			
			6.能了解公民與文化的意義			
實用語文		○○○	1.訓練學生傾聽能力，加強聽的理解力，並培養聽話的禮貌			
			2.培養學生說話的技巧、發音、手勢、動作、表情的運用，音調、速度、音量等控制的正確			
			3.表現適當的社交溝通能力，以增進人際互動，並能對所言負責			
			4.具備日常生活語彙、句型、短文之閱讀能力與理解、運用能力			
			5.培養閱讀欣賞課外讀物的興趣及習慣			
			6.養成整潔、正確的寫作習慣			
			7.培養正確的學習態度			
實用數學	○○	○○○	1.能完成整數的四則運算及應用問題			
			2.能完成分數的四則運算及應用問題			
			3.能完成小數的四則運算及應用問題			
			4.能了解百分比的用法			
			5.能了解匯率換算、互助會與利息算法			
			6.能完成實物的測量			
休閒教育	○○	○○○	1.能完成暖身體操運動			
			2.能從事團體拔河運動			
			3.能從事三對三鬥牛籃球活動			
			4.能從事團體足壘球比賽活動			

			1.能認識台灣的位置與範圍	
社會適應	○○	○○○	2.能認識台灣的自然環境	
			3.能認識台灣的人文環境	
			4.能建立環境保育概念	
			5.培養適切的社交能力	
			6.增進良好的人際關係	
			7.建立自我了解的能力	
			8.建立負責的行為與態度	
職業生活	○○	○○○	1.能認識常見職業及其工作條件	
			2.能認識找工作的方法	
			3.能學習如何選擇合適的工作	
			4.能認識勞工的權益	
			5.能培養良好的工作習慣與態度	
			6.能認識職訓機構	
			7.能了解如何做一個稱職的工作員	

十三、個案會議記錄

日期	對象	晤談重點	方式	重點紀要	記錄者

十四、轉介記錄

日期	轉介記錄	記錄者
○○	孩子與其母間經常呈現緊張關係，導致該生在校學習、人際關係受影響，為顧及孩子學習和疏解案母的壓力，在得到該生父母同意下，轉介○○服務中心，由社工介入協助家庭。	○○○

附錄二　特殊教育法

中華民國七十三年十二月十七日
總統華總（一）義字第六六九二號令公布
中華民國八十六年五月十四日
總統華總（一）義字第八六○○一一二八二○號令修正公布
中華民國九十年十二月二十六日
總統華總（一）義字第九○○○二五四一一○號令修正公布
中華民國九十三年六月二十三日
總統華總（一）義字第○九三○○一一七五五一號令增訂公布

第一條　（立法目的）

　　　　為使身心障礙及資賦優異之國民，均有接受適性教育之權利，充分發展身心潛能，培養健全人格，增進服務社會能力，特制定本法；本法未規定者，依其他有關法律之規定。

第二條　（主管教育行政機關）

　　　　本法所稱主管教育行政機關在中央為教育部；在直轄市為直轄市政府；在縣（市）為縣（市）政府。

　　　　本法所定事項涉及各目的事業主管機關業務時，各該機關應配合辦理。

第三條　（身心障礙之定義及範圍）

　　　　本法所稱身心障礙，係指因生理或心理之顯著障礙，致需特殊教育和相關特殊教育服務措施之協助者。

　　　　本法所稱身心障礙，指具有左列情形之一者：

　　　　一、智能障礙。

二、視覺障礙。

三、聽覺障礙。

四、語言障礙。

五、肢體障礙。

六、身體病弱。

七、嚴重情緒障礙。

八、學習障礙。

九、多重障礙。

十、自閉症。

十一、發展遲緩。

十二、其他顯著障礙。

前項各款鑑定之標準，由中央主管教育行政機關會商相關機關定之。

第四條　（資賦優異之範圍）

本法所稱資賦優異，係指在左列領域中有卓越潛能或傑出表現者：

一、一般智能。

二、學術性向。

三、藝術才能。

四、創造能力。

五、領導能力。

六、其他特殊才能。

前項各款鑑定之標準，由中央主管教育行政機關定之。

第五條　（課程、教材、教法之擬定）

特殊教育之課程、教材及教法，應保持彈性，適合學

生身心特性及需要；其辦法，由中央主管教育行政機關定之。

對身心障礙學生，應配合其需要，進行有關復健、訓練治療。

第六條　（研究發展中心之成立）

各級主管教育行政機關為研究改進特殊教育課程、教材教法及教具之需要，應主動委託學術及特殊教育學校或特殊教育機構等相關單位進行研究。

中央主管教育行政機關應指定相關機關成立研究發展中心。

第七條　（特殊教育之實施）

特殊教育之實施，分下列三階段：

一、學前教育階段，在醫院、家庭、幼稚園、托兒所、特殊幼稚園（班）、特殊教育學校幼稚部或其他適當場所實施。

二、國民教育階段，在醫院、國民小學、國民中學、特殊教育學校（班）或其他適當場所實施。

三、國民教育階段完成後，在高級中等以上學校，特殊教育學校（班）、醫院或其他成人教育機構等適當場所實施。

為因應特殊教育學校之教學需要，其教育階段及年級安排，應保持彈性。

第八條　（辦理機關）

學前教育及國民教育階段之特殊教育，由直轄市或縣（市）主管教育行政機關辦理為原則。

國民教育完成後之特殊教育，由各級主管教育行政機

關辦理。

各階段之特殊教育，除由政府辦理外，並鼓勵或委託民間辦理。主管教育行政機關對民間辦理特殊教育應優予獎助；其獎助對象、條件、方式、違反規定時之處理及其他應遵行事項之辦法，由中央主管教育行政機關定之。

第九條　（入學年齡及修業年限）

各階段特殊教育之學生入學年齡及修業年限，對身心障礙國民，除依義務教育之年限規定辦理外，並應向下延伸至三歲，於本法公布施行六年內逐步完成。

國民教育階段身心障礙學生因身心發展狀況及學習需要，得經該管主管教育行政機關核定延長修業年限，並以延長二年為原則。

第十條　（相關專業人員優先任用）

為執行特殊教育工作，各級主管教育行政機關應設專責單位，各級政府承辦特殊教育業務人員及特殊教育學校之主管人員，應優先任用相關專業人員。

第十一條　（特殊教育中心之設置）

各師範校院應設特殊教育中心，負責協助其輔導區內特殊教育學生之鑑定、教學及輔導工作。

大學校院設有教育院、系、所、學程或特殊教育系、所、學程者，應鼓勵設特殊教育中心。

第十二條　（特殊教育學生鑑定及就學輔導委員會之設置）

直轄市及縣（市）主管教育行政機關應設特殊教育學生鑑定及就業輔導委員會，聘請衛生及有關機關代表、相關服務專業人員及學生家長代表為委員，

處理有關鑑定、安置及輔導事宜。有關之學生家長並得列席。

第十三條　（教育安置）

各級學校應主動發掘學生特質，透過適當鑑定，按身心發展狀況及學習需要，輔導其就讀適當特殊教育學校（班）、普通學校相當班級或其他適當場所。身心障礙學生之教育安置，應以滿足學生學習需要為前提下，最少限制的環境為原則。直轄市及縣（市）主管教育行政機關應每年重新評估其教育安置之適當性。

第十四條　（安置原則與輔導辦法）

對於就讀普通班之身心障礙學生，應予適當安置及輔導；其安置原則及輔導方式之辦法，由各級主管教育行政機關定之。

為使普通班老師得以兼顧身心障礙學生及其他學生之需要，身心障礙學生就讀之普通班應減少班級人數；其減少班級人數之條件及核算方式之辦法，由各級主管教育行政機關定之。

第十五條　（有關機構之配合）

各級主管教育行政機關應結合特殊教育機構及專業人員，提供普通學校輔導特殊教育學生之有關評量、教學及行政支援服務；其支援服務項目及實施方式之辦法，由中央主管教育行政機關定之。

第十六條　（設立標準之訂定）

特殊教育學校（班）之設立，應力求普及，以小班、小校為原則，並朝社區化方向發展。少年矯正

學校、社會福利機構及醫療機構附設特殊教育班，應報請當地主管教育行政機關核准後辦理。

第十七條　（特殊教育之師資及相關專業服務人員）

為普及身心障礙兒童及青少年之學前教育、早期療育及職業教育，各級主管教育行政機關應妥當規劃加強推動師資培訓及在職訓練。

特殊教育學校置校長，其聘任資格依教育人員任用條例之規定，聘任程序比照各該校所設學部最高教育階段之學校法規之規定。特殊教育學校（班）、特殊幼稚園（班），應依實際需要置特殊教育教師、相關專業人員及助理人員。特殊教育教師之資格及聘任，依師資培育法及教育人員任用條例之規定；相關專業人員及助理人員之類別、職責、遴用資格、程序、報酬及其他權益事項之辦法，由中央主管教育行政機關定之。

特殊教育學校（班）、特殊幼稚園（班）設施之設置，應以適合個別化教學為原則，並提供無障礙之學習環境及適當之相關服務。

前二項人員之編制、設施規模、設備及組織之設置標準，由中央主管教育行政機關定之。

第十八條　（特殊教育學校之設置）

設有特殊教育系（所）之師範大學、師範學院或一般大學，為辦理特殊教育各項實驗研究，並供教學實習，得附設特殊教育學校（班）。

第十九條　（獎勵辦法）

接受國民教育以上之特殊教育學生，其品學兼優或

有特殊表現者，各級政府應給予獎助；家境清寒者，應給予助學金、獎學金或教育補助費。

前項學生屬身心障礙者，各級政府應減免其學雜費，並依其家庭經濟狀況，給予個人必需之教科書及教育補助器材。

身心障礙學生於接受國民教育時，無法自行上下學者，由各級政府免費提供交通工具；確有困難，無法提供者，補助其交通費。

前三項獎助之對象、條件、金額、名額、次數及其他應遵行事項之辦法，由各級政府定之。

第二十條　（畢業證書或修業證書之發給）

身心障礙學生，在特殊教育學校（班）修業期滿，依修業情形發給畢業證書或修業證書。

對失學之身心障礙國民，應辦理學力鑑定及規劃實施免費成人教育；其辦理學力鑑定及實施成人教育之對象、辦理單位、方式及其他相關事項之辦法，由各級主管教育行政機關定之。

第二十一條　（升學輔導辦法之擬定）

完成國民教育之身心障礙學生，依其志願報考各級學校或經主管教育行政機關甄試、保送或登記、分發進入各級學校，各級學校不得以身心障礙為由拒絕其入學；其升學輔導辦法，由中央主管教育行政機關定之。

各級學校入學試務單位應依考生障礙類型、程度，提供考試適當服務措施，由各試務單位於考前訂定公告之。

第二十二條　　（專業團隊合作為原則）

　　　　　　　身心障礙教育之診斷與教學工作，應以專業團隊合作進行為原則，集合衛生醫療、教育、社會福利、就業服務等專業，共同提供課業學習、生活、就業轉銜等協助；身心障礙教育專業團隊設置與實施辦法，由中央主管教育行政機關定之。

第二十三條　　（教育措施及資源的分配）

　　　　　　　各級主管教育行政機關應每年定期舉辦特殊教育學生狀況調查及教育安置需求人口通報，出版統計年報，並依據實際需求規劃設立各級特殊學校（班）或其他身心障礙教育措施及教育資源的分配，以維護特殊教育學生接受適性教育之權利。

第二十四條　　（教育輔助器材及相關支持服務）

　　　　　　　就讀特殊學校（班）及一般學校普通班之身心障礙者，學校應依據其學習及生活需要，提供無障礙環境、資源教室、錄音及報讀服務、提醒、手語翻譯、調頻助聽器、代抄筆記、盲用電腦、擴視鏡、放大鏡、點字書籍、生活協助、復健治療、家庭支援、家長諮詢等必要之教育輔助器材及相關支持服務；其實施辦法，由各級主管教育行政機關定之。

第二十五條　　（早期療育工作）

　　　　　　　為提供身心障礙兒童及早接受療育之機會，各級政府應由醫療主管機關召集，結合醫療、教育、社政主管機關，共同規劃及辦理早期療育工作。

　　　　　　　對於就讀幼兒教育機構者，得發給教育補助費。

第二十六條　（家長會委員）

　　　　　各級學校應提供特殊教育學生家庭包括資訊、諮詢、輔導、親職教育課程等支援服務，特殊教育學生家長至少一人爲該校家長會委員。

第二十七條　（個別化教育計畫）

　　　　　各級學校應對每位身心障礙學生擬定個別化教育計畫，並應邀請身心障礙學生家長參與其擬定與教育安置。

第二十八條　（升學考試）

　　　　　對資賦優異者，得降低入學年齡或縮短修業年限；縮短修業年限之資賦優異學生，其學籍、畢業資格及升學，比照應屆畢業學生辦理；其降低入學年齡、縮短修業年限與升學及其他相關事項之辦法，由中央主管教育行政機關定之。

第二十九條　（特約指導教師）

　　　　　資賦優異教學，應以結合社區資源、參與社區各類方案爲主，並得聘任具特殊專才者爲特約指導教師。

　　　　　各級學校對身心障礙及社經文化地位不利之資賦優異學生，應加強鑑定與輔導。

第三十條　（預算之編列）

　　　　　各級政府應按年從寬編列特殊教育預算，在中央政府不得低於當年度教育主管預算百分之三；在地方政府不得低於當年度教育主管預算百分之五。

　　　　　地方政府編列預算時，應優先辦理身心障礙學生

教育。

中央政府爲均衡地方身心障礙教育之發展，應視需要補助地方人事及業務經費以辦理身心障礙教育。

第三十一條　（特殊教育諮詢委員）

各級主管教育行政機關爲促進特殊教育發展及處理各項權益申訴事宜，應聘請專家、學者、相關團體、機構及家長代表爲諮詢委員，並定期召開會議。

爲保障特殊教育學生教育權利，應提供申訴服務；其申訴案件之處理程序、方式及其他相關服務事項之辦法，由中央主管教育行政機關定之。

第三十一條之一　（設置專帳）

公立特殊教育學校之場地、設施與設備提供他人使用、委託經營、獎勵民間參與，與學生重補修、辦理招生、甄選、實習、實施推廣教育等所獲之收入及其相關支出，應設置專帳以代收代付方式執行，其賸餘款並得滾存作爲改善學校基本設施或充實教學設備之用，不受預算法第十三條、國有財產法第七條及地方公有財產管理相關規定之限制。

前項收支管理作業規定，由中央主管教育行政機關定之。

第三十二條　（施行細則）

本法施行細則，由中央主管教育行政機關定之。

第三十三條　（施行日）

本法自公布日施行。

附錄三　特殊教育法施行細則

中華民國七十六年三月二十五日

教育部台七六參字第一二六一九號令發布

中華民國八十七年五月二十九日

教育部台八七參字第八七〇五七二六六號令修正發布

中華民國八十八年八月十日

教育部台八八參字第八八〇九七五五一號令修正發布

中華民國九十一年四月十五日

教育部台九一參字第九一〇四九五二二號令修正發布

中華民國九十二年八月七日

教育部台參字第〇九二〇一一七五八三A號令修正發布

第一條　本細則依特殊教育法（以下簡稱本法）第三十二條規
　　　　定訂定之。

第二條　（刪除）

第三條　本法第七條第一項第一款所稱特殊幼稚園，指為身心
　　　　障礙或資賦優異者專設之幼稚園；所稱特殊幼稚班，
　　　　指在幼稚園為身心障礙或資賦優異者專設之班。

　　　　本法第七條第一項第二款及第三款所稱特殊教育學
　　　　校，指為身心障礙或資賦優異者專設之學校；所稱特
　　　　殊教育班，指在國民小學、國民中學、高級中學、職
　　　　業學校或依本法第十六條第二項為身心障礙或資賦優
　　　　異者專設之班。

　　　　本法第七條第一項第三款所稱高級中等以上學校，指

高級中學、職業學校、專科學校及大學。

第四條　政府、民間依本法第八條規定辦理特殊教育學校（班）者，其設立、變更及停辦之程序如下：

一、公立特殊教育學校：

　（一）國立者，由中央主管教育行政機關核定。

　（二）直轄市及縣（市）立者，由直轄市及縣（市）主管教育行政機關核定，報請中央主管教育行政機關備查。

二、公立學校之特殊教育班：由學校之主管教育行政機關核定。

三、私立特殊教育學校：依私立學校法規定之程序辦理。

四、私立學校之特殊教育班：由學校之主管教育行政機關核定。

各階段特殊教育除依前項規定辦理外，公、私立學校並得依學生之特殊教育需要，自行擬具特殊教育方案，向各級主管教育行政機關申請辦理之；其方案之基本內容及申請程序，由各級主管教育行政機關定之。

第五條　各級主管教育行政機關得依本法第八條第三項委託民間辦理特殊教育學校（班）或其他教育方案，其委託方式及程序，由各該主管教育行政機關定之。

第六條　為辦理本法第九條第一項身心障礙學生入學年齡向下延伸至三歲事項，直轄市、縣（市）政府應普設學前特殊教育設施，提供適當之相關服務。

直轄市、縣（市）政府對於前項接受學前特殊教育之

身心障礙學生，應視實際需要提供教育補助費。

第一項所稱學前特殊教育設施，指在本法第七條第一項第一款所定場所設置之設備或提供之措施。

第七條　學前教育階段身心障礙兒童，應以與普通兒童一起就學為原則。

第八條　本法第十條所稱專責單位，指於各級主管教育行政機關置專任人員辦理特殊教育行政工作之單位。

第九條　本法第十二條所稱特殊教育學生鑑定及就學輔導委員會（以下簡稱鑑輔會），應以綜合服務及團隊方式，辦理下列事項：

一、議決鑑定、安置及輔導之實施方式與程序。

二、建議專業團隊及特殊教育資源中心應遴聘之專業人員。

三、評估特殊教育工作績效。

四、執行鑑定、安置及輔導工作。

五、其他有關特殊教育鑑定、安置及輔導事項。

直轄市、縣（市）主管教育行政機關應從寬編列鑑輔會年度預算，必要時，由中央主管教育行政機關補助之。

鑑輔會應置主任委員一人，由直轄市、縣（市）主管教育行政機關首長兼任之；並指定專任人員辦理鑑輔會事務。鑑輔會之組織及運作方式，由直轄市、縣（市）主管教育行政機關定之。

第十條　直轄市、縣（市）主管教育行政機關應結合鑑輔會、特殊教育資源中心、特殊教育諮詢委員會、身心障礙教育專業團隊及其他相關組織，建立特殊教育行政支

援系統；其聯繫及運作方式，由直轄市、縣（市）主管教育行政機關定之。

前項所稱特殊教育資源中心，指直轄市、縣（市）主管教育行政機關為協助辦理特殊教育相關事項所設之任務編組；其成員，由直轄市、縣（市）主管教育行政機關就學校教師、學者專家或相關專業人員聘兼之。

第十一條　鑑輔會依本法第十二條安置身心障礙學生，應於身心障礙學生教育安置會議七日前，將鑑定資料送交學生家長；家長得邀請教師、學者專家或相關專業人員陪同列席該會議。

鑑輔會應就前項會議所為安置決議，於身心障礙學生入學前，對安置機構以書面提出下列建議：

一、安置場所環境及設備之改良。

二、復健服務之提供。

三、教育輔助器材之準備。

四、生活協助之計畫。

前項安置決議，鑑輔會應依本法第十三條每年評估其適當性；必要時，得視實際狀況調整安置方式。

第十二條　國民教育階段特殊教育學生之就學以就近入學為原則。但其學區無合適特殊教育場所可安置者，得經其主管鑑輔會鑑定後，安置於適當學區之特殊教育場所。

前項特殊教育學生屬身心障礙者，直轄市、縣（市）主管教育行政機關應依本法第十九條第三項規定，提供交通工具或補助其交通費。

第十三條　依本法第十三條輔導特殊教育學生就讀普通學校相當班級時，該班級教師 應參與特殊教育專業知能研習，且應接受特殊教育教師或相關專業人員所 提供之諮詢服務。

本法第十三條所稱輔導就讀特殊教育學校（班），指下列就讀情形：

一、學生同時在普通班及資源班上課者。

二、學生同時在特殊教育班及普通班上課，且其在特殊教育班上課之時間 超過其在校時間之二分之一者。

三、學生在校時間全部在特殊教育班上課者。

四、學生在特殊教育學校上課，且每日通學者。

五、學生在特殊教育學校上課，且在校住宿者。

第十四條　資賦優異學生入學後，學校應予有計畫之個別輔導；其輔導項目，應視學生需要定之。

第十五條　資賦優異學生，如須轉入普通班或一般學校就讀者，原就讀學校應輔導轉班或轉校，並將個案資料隨同移轉，以便追蹤輔導。

第十六條　各級主管教育行政機關於依本法第二十三條實施特殊教育學生狀況調查後，應建立各階段特殊教育學生通報系統，並與衛生、社政主管機關所建立之通報系統互相協調、結合。

本法第二十三條所定出版統計年報，應包含接受特殊教育服務之學生人數與比率、教育安置狀況、師資狀況及經費狀況等項目。

第十七條　本法第二十六條所定提供特殊教育學生家庭支援服

務，應由各級學校指定專責單位辦理。其服務內容
應於開學後二週內告知特殊教育學生家長；必要
時，應依據家長之個別需要調整服務內容及方式。

第十八條　本法第二十七條所稱個別化教育計畫，指運用專業
團隊合作方式，針對身心障礙學生個別特性所擬定
之特殊教育及相關服務計畫，其內容應包括下列事
項：

一、學生認知能力、溝通能力、行動能力、情緒、
　　人際關係、感官功能、健康狀況、生活自理能
　　力、國文、數學等學業能力之現況。

二、學生家庭狀況。

三、學生身心障礙狀況對其在普通班上課及生活之
　　影響。

四、適合學生之評量方式。

五、學生因行為問題影響學習者，其行政支援及處
　　理方式。

六、學年教育目標及學期教育目標。

七、學生所需要之特殊教育及相關專業服務。

八、學生能參與普通學校（班）之時間及項目。

九、學期教育目標是否達成之評量日期及標準。

一〇、學前教育大班、國小六年級、國中三年級及
　　　高中（職）三年級學生之轉銜服務內容。

前項第十款所稱轉銜服務，應依據各教育階段之需
要，包括升學輔導、生活、就業、心理輔導、福利
服務及其他相關專業服務等項目。

參與擬定個別化教育計畫之人員，應包括學校行政

人員、教師、學生家長、相關專業人員等，並得邀請學生參與；必要時，學生家長得邀請相關人員陪同。

第十九條　前條個別化教育計畫，學校應於身心障礙學生開學後一個月內訂定，每學期至少檢討一次。

第二十條　依本法第二十九條第二項鑑定身心障礙之資賦優異學生及社經文化地位不利之資賦優異學生時，應選擇適用該學生之評量工具及程序，得不同於一般資賦優異學生。

依本法第二十九條第二項輔導身心障礙之資賦優異學生及社經文化地位不利之資賦優異學生時，其教育方案應保持最大彈性，不受人數限制，並得跨校實施。

學校對於身心障礙之資賦優異學生之教學，應就其身心狀況，予以特殊設計及支援。

第二十一條　各教育階段特殊教育之評鑑，該管主管教育行政機關，應至少每二年辦理一次；其評鑑項目，由各級主管教育行政機關定之。

直轄市及縣（市）主管教育行政機關辦理特殊教育之績效，中央主管教育行政機關應至少每二年訪視評鑑一次。

前二項之評鑑，必要時，該管主管教育行政機關得委任或委託大學校院或民間團體辦理之。

第二十二條　本細則自發布日施行。

附錄四 身心障礙及資賦優異學生鑑定標準

中華民國九十一年五月九日

教育部九一台參字第九一○六三四四四號令訂定發布全文二十條

中華民國九十五年九月二十九日

教育部台參字第○九五○一四一五六一C號令修正發布

第一條　本標準依特殊教育法（以下簡稱本法）第三條第三項
　　　　及第四條第二項規定訂定之。

第二條　各類特殊教育學生之鑑定，由各直轄市、縣（市）政
　　　　府特殊教育學生鑑定及就學輔導委員會（以下簡稱鑑
　　　　輔會）負責相關事宜。

　　　　身心障礙學生之鑑定，應採多元評量之原則，依學生
　　　　個別狀況，採取標準化評量、直接觀察、晤談、醫學
　　　　檢查等方式，或參考身心障礙手冊記載蒐集個案資
　　　　料，綜合研判之。

　　　　資賦優異學生之鑑定，應以標準化評量工具，採多元
　　　　及多階段之評量方式。其評量之實施應依觀察、推
　　　　薦、初審、初選、複選及綜合研判之程序辦理。除一
　　　　般智能及學術性向優異學生之鑑定外，其他各類學生
　　　　之鑑定，均不得施以學科成就測驗。

第三條　本法第三條第二項第一款所稱智能障礙，指個人之智
　　　　能發展較同年齡者明顯遲緩，且在學習及生活適應能

力表現上有嚴重困難者；其鑑定標準如下：

一、心智功能明顯低下或個別智力測驗結果未達平均數負二個標準差。

二、學生在自我照顧、動作、溝通、社會情緒或學科學習等表現上較同年齡者有顯著困難情形。

第四條　本法第三條第二項第二款所稱視覺障礙，指由於先天或後天原因，導致視覺器官之構造缺損，或機能發生部分或全部之障礙，經矯正後對事物之視覺辨認仍有困難者；其鑑定標準如下：

一、視力經最佳矯正後，依萬國式視力表所測定優眼視力未達〇‧三或視野在二十度以內者。

二、無法以前款視力表測定時，以其他方式測定後認定者。

第五條　本法第三條第二項第三款所稱聽覺障礙，指由於先天或後天原因，導致聽覺器官之構造缺損，或機能發生部分或全部之障礙，導致對聲音之聽取或辨識有困難者；其鑑定標準如下：

一、接受自覺性純音聽力檢查後，其優耳語音頻率聽閾達二十五分貝以上者。

二、無法接受前款自覺性純音聽力檢查時，以他覺性聽力檢查方式測定後認定者。

第六條　本法第三條第二項第四款所稱語言障礙，指語言理解或語言表達能力與同年齡者相較，有顯著偏差或遲緩現象，而造成溝通困難者；其狀況及鑑定標準如下：

一、構音障礙：說話之語音有省略、替代、添加、歪曲、聲調錯誤或含糊不清等現象，並因而導致溝

通困難者。

二、聲音異常：說話之音質、音調、音量或共鳴與個人之性別或年齡不相稱，並因而導致溝通困難者。

三、語暢異常：說話之節律有明顯且不自主之重複、延長、中斷，首語難發或急促不清等現象者。

四、語言發展遲緩：語言之語形、語意、語彙、語法、語用之發展，在語言理解或語言表達方面，較同年齡者有明顯偏差或遲緩現象者。

第七條　本法第三條第二項第五款所稱肢體障礙，指上肢、下肢或軀幹之機能有部分或全部障礙，致影響學習者；其鑑定標準依行政院衛生署所定「身心障礙等級」中所列肢體障礙之標準。

第八條　本法第三條第二項第六款所稱身體病弱，指罹患慢性疾病，體能虛弱，需要長期療養，以致影響學習者；其鑑定由醫師診斷後認定之。

第九條　本法第三條第二項第七款所稱嚴重情緒障礙，指長期情緒或行為反應顯著異常，嚴重影響生活適應者；其障礙並非因智能、感官或健康等因素直接造成之結果。

情緒障礙之症狀包括精神性疾患、情感性疾患、畏懼性疾患、焦慮性疾患、注意力缺陷過動症、或有其他持續性之情緒或行為問題者。

嚴重情緒障礙之鑑定標準如下：

一、行為或情緒顯著異於其同年齡或社會文化之常態者，得參考精神科醫師之診斷認定之。

二、除學校外，至少在其他一個情境中顯現適應困難

者。

三、在學業、社會、人際、生活等適應有顯著困難，且經評估後確定一般教育所提供之輔導無顯著成效者。

第十條　本法第三條第二項第八款所稱學習障礙，指統稱因神經心理功能異常而顯現出注意、記憶、理解、推理、表達、知覺或知覺動作協調等能力有顯著問題，以致在聽、說、讀、寫、算等學習上有顯著困難者；其障礙並非因感官、智能、情緒等障礙因素或文化刺激不足、教學不當等環境因素所直接造成之結果；其鑑定標準如下：

一、智力正常或在正常程度以上者。

二、個人內在能力有顯著差異者。

三、注意、記憶、聽覺理解、口語表達、基本閱讀技巧、閱讀理解、書寫、數學運算、推理或知覺動作協調等任一能力表現有顯著困難，且經評估後確定一般教育所提供之學習輔導無顯著成效者。

第十一條　本法第三條第二項第九款所稱多重障礙，指具兩種以上不具連帶關係且非源於同一原因造成之障礙而影響學習者。

多重障礙之鑑定，應參照本標準其他各類障礙之鑑定標準。

第十二條　本法第三條第二項第十款所稱自閉症，指因神經心理功能異常而顯現出溝通、社會互動、行為及興趣表現上有嚴重問題，造成在學習及生活適應上有顯著困難者；其鑑定標準如下：

一、顯著口語、非口語之溝通困難者。

二、顯著社會互動困難者。

三、表現固定而有限之行爲模式及興趣者。

第十三條　本法第三條第二項第十一款所稱發展遲緩，指未滿六歲之兒童，因生理、心理或社會環境因素，在知覺、認知、動作、溝通、社會情緒或自理能力等方面之發展較同年齡顯著遲緩，且其障礙類別無法確定者；其鑑定依兒童發展及養育環境評估等資料，綜合研判之。

第十四條　本法第四條第一項第一款所稱一般智能優異，指在記憶、理解、分析、綜合、推理、評鑑等方面，較同年齡具有卓越潛能或傑出表現者；其經鑑定後應符合下列各款規定之標準：

一、個別智力測驗評量結果在平均數正二個標準差或百分等級九十七以上。

二、經專家學者、指導教師或家長觀察推薦，並檢附學習特質與表現卓越或傑出等之具體資料。

第十五條　本法第四條第一項第二款所稱學術性向優異，指在語文、數學、社會科學或自然科學等學術領域，較同年齡具有卓越潛能或傑出表現者；其經鑑定後應符合下列各款規定標準之一：

一、前述任一領域學術性向或成就測驗得分在平均數正二個標準差或百分等級九十七以上，並經專家學者、指導教師或家長觀察推薦，及檢附專長學科學習特質與表現卓越或傑出等之具體資料。

二、參加政府機關或學術研究機構舉辦之國際性或全國性有關學科競賽或展覽活動表現特別優異，獲前三等獎項。

三、參加學術研究單位長期輔導之有關學科研習活動，成就特別優異，經主辦單位推薦。

四、獨立研究成果優異並刊載於學術性刊物，經專家學者或指導教師推薦，並檢附具體資料。

第十六條　本法第四條第一項第三款所稱藝術才能優異，指在視覺或表演藝術方面具有卓越潛能或傑出表現者；其經鑑定後應符合下列各款規定標準之一：

一、前述任一領域藝術性向測驗得分在平均數正二個標準差或百分等級九十七以上，或術科測驗表現優異，並經專家學者、指導教師或家長觀察推薦，及檢附藝術才能特質與表現卓越或傑出等之具體資料。

二、參加政府機關或學術研究機構舉辦之國際性或全國性各該類科競賽表現特別優異，獲前三等獎項。

第十七條　本法第四條第一項第四款所稱創造能力優異，指運用心智能力產生創新及建設性之作品、發明或解決問題者；其經鑑定後應符合下列各款規定標準之一：

一、創造能力測驗或創造性特質量表得分在平均數正二個標準差或百分等級九十七以上，並經專家學者、指導教師或家長觀察推薦，及檢附創造才能特質與表現卓越或傑出等之具體資料。

二、參加政府機關或學術研究機構舉辦之國際性或
　　　　全國性創造發明競賽表現特別優異，獲前三等
　　　　獎項。

第十八條　本法第四條第一項第五款所稱領導才能優異，指具
　　　　有優異之計畫、組織、溝通、協調、預測、決策、
　　　　評鑑等能力，而在處理團體事務上有傑出表現者；
　　　　其經鑑定後應符合下列各款規定之標準：

　　　一、領導才能測驗或領導特質量表得分在平均數正
　　　　二個標準差或百分等級九十七以上。

　　　二、經專家學者、指導教師、家長或同儕觀察推
　　　　薦，並檢附領導才能特質與表現傑出等之具體
　　　　資料。

第十九條　本法第四條第一項第六款所稱其他特殊才能優異，
　　　　指在肢體動作、工具運用、電腦、棋藝、牌藝等能
　　　　力具有卓越潛能或傑出表現者；其經鑑定後應符合
　　　　下列各款規定之標準：

　　　一、參加政府機關或學術研究機構舉辦之國際性或
　　　　全國性技藝競賽表現特別優異，獲前三等獎
　　　　項。

　　　二、經專家學者、指導教師或家長觀察推薦，並檢
　　　　附專長才能特質與表現卓越或傑出等之具體資
　　　　料。

第二十條　本標準自發布日施行。

附錄五　特殊教育相關專業人員及助理人員遴用辦法

中華民國八十八年一月二十日

教育部台八八參字第八八〇〇五六一八號令訂定發布

中華民國八十八年六月二十九日

教育部台八八參字第八八〇七五八九六號令修正發布

第一條　本辦法依特殊教育法（以下簡稱本法）第十七條第二項規定訂定之。

第二條　本辦法所稱特殊教育相關專業人員，指為身心障礙學生及其教師與家長提供專業服務之下列專（兼）任人員：

一、醫師：以具專科醫師資格者為限。

二、物理治療師、職能治療師及語言治療師等治療人員。

三、社會工作師。

四、臨床心理、職業輔導、定向行動專業人員。

五、其他相關專業人員。

本辦法所稱特殊教育助理人員，指協助身心障礙學生學習及生活輔導之下列專（兼）任人員及本辦法施行前已依法任用之生活輔導員：

一、教師助理員。

二、住宿生管理員。

第三條　特殊教育相關專業人員應與教師或其他人員充分合作，積極參與並提供下列專業服務：

一、身心障礙學生鑑定、個別化教育計畫之擬定與執行及追蹤評鑑等直接服務。

二、特殊教育教師、普通教育教師及家長諮詢等間接服務。

前項所稱其他人員，指本法第二十二條所定專業團隊應包含之衛生醫療、教育、社會福利、就業服務等專業人員。

第四條　特殊教育助理人員之職責如下：

一、教師助理員：在特殊教育教師督導下，協助評量、教學、生活輔導、學生上下學及家長聯繫等事宜。

二、住宿生管理員：負責特殊教育學校（班）住宿學生之生活照顧、管理及訓練等事宜。

第二條第二項所稱生活輔導員之職責，由其任職學校、幼稚園依前項各款所定職責決定之。

第五條　特殊教育相關專業人員應任用公務人員高等考試及格者，或經專門職業及技術人員轉任公務人員條例規定，取得專業證照及轉任公務人員任用資格者為原則。但政府未辦理專業證照或考試之特殊教育相關專業人員，得聘用下列人員之一擔任：

一、國內外大學校院該專業本學系、所畢業後，曾任該專業工作一年以上者。

二、國內外大學校院該專業相關系、所畢業，且於修畢該專業課程三百六十小時後，曾任該專業工作

　　　　　　一年以上者。

第六條　特殊教育助理人員應僱用高中（職）以上學校畢業或
　　　　具同等學歷之資格者。

第七條　聘用之特殊教育相關人員之報酬，由教育部或直轄
　　　　市、縣（市）政府依聘用人員之相關規定辦理。兼任
　　　　之特殊教育相關專業人員之報酬，按鐘點給付；其支
　　　　給標準，由教育部或各該地方政府擬定，專案報請行
　　　　政院核定。

　　　　特殊教育助理人員之報酬，由教育部或各該地方政府
　　　　依約僱人員之相關規定辦理。

第八條　特殊教育相關專業人員及助理人員遴用，應經各學
　　　　校、幼稚園之甄審委員會公開甄選，並依程序進用。

第九條　特殊教育相關專業人員及助理人員，除任用者外，應
　　　　於到職後一個月內，由學校、幼稚園檢附下列各項文
　　　　件，報請所屬主管教育行政關備查：

　　　　一、履歷表。

　　　　二、聘用（僱用）契約書。

　　　　三、服務證明書。

　　　　四、學經歷證件影本。

第十條　新任之特殊教育相關專業人員及助理人員，應接受學
　　　　校、幼稚園或主管教育行政機關辦理之職前訓練。

　　　　特殊教育相關專業人員及助理人員，應積極參與主管
　　　　教育行政機關及該專業團體辦理之在職進修活動。

第十一條　本辦法施行前已登記為特殊教育專業教師，且在原
　　　　　學校、幼稚園繼續任職者，仍依原有規定繼續聘
　　　　　任。

本辦法施行前已登記為特殊教育專業試用教師，且在原學校、幼稚園繼續任職者，於其試用教師證書有效期限內，修畢相關專門科目二十學分以上者，仍依原有規定辦理。

本辦法施行後，現職約僱生活輔導員在其僱用期滿前，其任職學校、幼稚園應依其職責調整其職稱為教師助理員或住宿生管理員。

前項經調整職稱之現職約僱生活輔導員，在本辦法施行前已實際工作三年以上且服務成績優良者，其任職學校、幼稚園於其僱用期滿後，視實際需要，得再僱用之。

第十二條　本辦法自發布日施行。

附錄六 資賦優異學生降低入學年齡縮短修業年限及升學辦法

中華民國八十八年二月三日

教育部八八台參字第八八○一○九五一號令修正發布全文九條及名稱

中華民國八十八年六月二十九日

教育部八八台參字第八八○七五八九六號令修正發布

中華民國九十三年四月二十九日

教育部台參字第○九三○○五六八○二A號令修正發布

第一條　本辦法依特殊教育法（以下簡稱本法）第二十八條規定訂定之。

第二條　資賦優異學生之入學年齡得依本法規定予以降低，不受各級學校最低入學年齡之限制。

第三條　資賦優異之未足齡兒童提早入學國民小學，應由其父母或監護人提出申請，並經特殊教育學生鑑定及就學輔導委員會鑑定符合下列規定者為限：

一、智能評量之結果，在平均數正二個標準差以上或百分等級九十七以上。

二、社會適應行為之評量結果與適齡兒童相當。

前項申請程序由直轄市及縣（市）主管教育行政機關定之。

第四條　各級學校應依資賦優異學生身心發展狀況、學習需要及其意願，擬訂縮短修業年限方式及輔導計畫報請該

管主管教育行政機關核定。

前項所稱縮短修業年限，指縮短專長學科學習年限或縮短各該教育階段規定之修業年限，其方式如下：

一、學科成就測驗通過後免修該科課程。

二、逐科（學習領域）加速。

三、逐科（學習領域）跳級。

四、各科（學習領域）同時加速。

五、全部學科跳級。

六、提早選修高一年級以上之課程。

七、提早選修高一級以上教育階段之課程。

各級學校對前項各款方式之採用，應針對個別學生，就其超前之學科，逐科（學習領域）評估其學習起點行為及能力，其實施內容由各級主管教育行政機關定之。

第五條　提前修畢各科課程之高級中等以下學校資賦優異學生，得由其父母或監護人向學校提出申請，經學校就其社會適應行為之評量結果，認定與該級學校畢業年級學生相當後，報請該管主管教育行政機關認定其畢業資格；該校並應予以追蹤、輔導。

依前條第二項第七款提早選修高一級以上教育階段課程者，該校對其及格科目於其入學後得予以抵免。

第六條　資賦優異學生之升學，依各該教育階段法規所定入學方式辦理。

第七條　依藝術教育法第十一條第一項規定經甄試通過為具特殊藝術才能學生，其降低入學年齡、放寬入學資格縮短修業年限及升學等事項，準用本辦法之規定。

第八條　本辦法自發布日施行。

附錄七　身心障礙者權益保障法

中華民國九十六年七月十一日
總統華總（一）義字第〇九六〇〇〇八七三三一號令
修正公布名稱及全文一〇九條

第一章　總則

第一條　爲維護身心障礙者之權益，保障其平等參與社會、政治、經濟、文化等之機會，促進其自立及發展，特制定本法。

第二條　本法所稱主管機關：在中央爲內政部；在直轄市爲直轄市政府；在縣（市）爲縣（市）政府。

本法所定事項，涉及各目的事業主管機關職掌者，由各目的事業主管機關辦理。

前二項主管機關及各目的事業主管機關權責劃分如下：

一、主管機關：身心障礙者人格維護、經濟安全、照顧支持與獨立生活機會等相關權益之規劃、推動及監督等事項。

二、衛生主管機關：身心障礙者之鑑定、保健醫療、醫療復健與輔具研發等相關權益之規劃、推動及監督等事項。

三、教育主管機關：身心障礙者教育權益維護、教育資源與設施均衡配置等相關權益之規劃、推動及

監督等事項。

四、勞工主管機關：身心障礙者之職業重建、就業促進與保障、勞動權益與職場安全衛生等相關權益之規劃、推動及監督等事項。

五、建設、工務、住宅主管機關：身心障礙者住宅、公共建築物、公共設施之總體規劃與無障礙生活環境等相關權益之規劃、推動及監督等事項。

六、交通主管機關：身心障礙者生活通信、大眾運輸工具、交通設施與公共停車場等相關權益之規劃、推動及監督等事項。

七、財政主管機關：身心障礙者與身心障礙福利機構稅捐之減免等相關權益之規劃、推動及監督等事項。

八、金融主管機關：金融機構對身心障礙者提供金融、商業保險、財產信託等服務之規劃、推動及監督等事項。

九、法務主管機關：身心障礙者犯罪被害人保護、受刑人更生保護與收容環境改善等相關權益之規劃、推動及監督等事項。

十、警政主管機關：身心障礙者人身安全保護與失蹤身心障礙者協尋之規劃、推動及監督等事項。

十一、體育主管機關：身心障礙者體育活動與運動輔具之規劃、推動及監督等事項。

十二、文化主管機關：身心障礙者精神生活之充實與藝文活動參與之規劃、推動及監督等事項。

十三、採購法規主管機關：政府採購法有關採購身心

障礙者之非營利產品與勞務之規劃、推動及監督等事項。

十四、通訊傳播主管機關：主管身心障礙者無障礙資訊和通訊技術及系統、通訊傳播傳輸內容無歧視等相關事宜之規劃、推動及監督等事項。

十五、其他身心障礙權益保障措施：由各相關目的事業主管機關依職權規劃辦理。

第三條　中央主管機關掌理下列事項：

一、全國性身心障礙福利服務權益保障政策、法規與方案之規劃、訂定及宣導事項。

二、對直轄市、縣（市）政府執行身心障礙福利服務權益保障之監督及協調事項。

三、中央身心障礙福利經費之分配及補助事項。

四、對直轄市、縣（市）身心障礙福利服務之獎助及評鑑之規劃事項。

五、身心障礙福利服務相關專業人員訓練之規劃事項。

六、國際身心障礙福利服務權益保障業務之聯繫、交流及合作事項。

七、身心障礙者保護業務之規劃事項。

八、全國身心障礙者資料統整及福利服務整合事項。

九、全國性身心障礙福利機構之輔導、監督及評鑑事項。

十、其他全國性身心障礙福利服務權益保障之策劃及督導事項。

第四條　直轄市、縣（市）主管機關掌理下列事項：

一、中央身心障礙福利服務權益保障政策、法規及方案之執行事項。

二、直轄市、縣（市）身心障礙福利服務權益保障政策、自治法規與方案之規劃、訂定、宣導及執行事項。

三、直轄市、縣（市）身心障礙福利經費之分配及補助事項。

四、直轄市、縣（市）身心障礙福利服務之獎助與評鑑之規劃及執行事項。

五、直轄市、縣（市）身心障礙福利服務相關專業人員訓練之規劃及執行事項。

六、身心障礙者保護業務之執行事項。

七、直轄市、縣（市）轄區身心障礙者資料統整及福利服務整合執行事項。

八、直轄市、縣（市）身心障礙福利機構之輔導設立、監督及評鑑事項。

九、其他直轄市、縣（市）身心障礙福利服務權益保障之策劃及督導事項。

第五條 本法所稱身心障礙者，指下列各款身體系統構造或功能，有損傷或不全導致顯著偏離或喪失，影響其活動與參與社會生活，經醫事、社會工作、特殊教育與職業輔導評量等相關專業人員組成之專業團隊鑑定及評估，領有身心障礙證明者：

一、神經系統構造及精神、心智功能。

二、眼、耳及相關構造與感官功能及疼痛。

三、涉及聲音與言語構造及其功能。

四、循環、造血、免疫與呼吸系統構造及其功能。

五、消化、新陳代謝與內分泌系統相關構造及其功能。

六、泌尿與生殖系統相關構造及其功能。

七、神經、肌肉、骨骼之移動相關構造及其功能。

八、皮膚與相關構造及其功能。

第六條　直轄市、縣（市）主管機關受理身心障礙者申請鑑定時，應交衛生主管機關指定相關機構或專業人員組成專業團隊，進行鑑定並完成身心障礙鑑定報告。

前項鑑定報告，至遲應於完成後十日內送達申請人戶籍所在地之衛生主管機關。衛生主管機關除核發鑑定費用外，至遲應將該鑑定報告於十日內核轉直轄市、縣（市）主管機關辦理。

第一項身心障礙鑑定機構或專業人員之指定、鑑定人員之資格條件、身心障礙類別之程度分級、鑑定向度與基準、鑑定方法、工具、作業方式及其他應遵行事項之辦法，由中央衛生主管機關定之。

辦理有關障礙鑑定服務所需之經費，由直轄市、縣（市）衛生主管機關編列預算支應。

第七條　直轄市、縣（市）主管機關應於取得衛生主管機關所核轉之身心障礙鑑定報告後，籌組專業團隊進行需求評估。

前項需求評估，應依身心障礙者障礙類別、程度、家庭經濟情況、照顧服務需求、家庭生活需求、社會參與需求等因素為之。

直轄市、縣（市）主管機關對於設籍於轄區內依前項

評估合於規定者，應核發身心障礙證明，據以提供所需之福利及服務。

第一項評估作業得併同前條鑑定作業辦理，有關評估作業與鑑定作業併同辦理事宜、評估專業團隊人員資格條件、評估工具、作業方式及其他應遵行事項之辦法，由中央主管機關會同中央衛生主管機關定之。

第八條　各級政府相關目的事業主管機關，應本預防原則，針對遺傳、疾病、災害、環境污染及其他導致身心障礙因素，有計畫推動生育保健、衛生教育等工作，並進行相關社會教育及宣導。

第九條　主管機關及各目的事業主管機關應置專責人員辦理本法規定相關事宜；其人數應依業務增減而調整之。

身心障礙者福利相關業務應遴用專業人員辦理。

第十條　主管機關應遴聘（派）身心障礙者或其監護人代表、身心障礙福利學者或專家、民意代表與民間相關機構、團體代表及各目的事業主管機關代表辦理身心障礙者權益保障事項；其中遴聘身心障礙者或其監護人代表及民間相關機構、團體代表之比例，不得少於三分之一。

前項之代表，單一性別不得少於三分之一。

第一項權益保障事項包括：

一、整合規劃、研究、諮詢、協調推動促進身心障礙者權益保障相關事宜。

二、受理身心障礙者權益受損協調事宜。

三、其他促進身心障礙者權益及福利保障相關事宜。

　　第一項權益保障事項與運作、前項第二款身心障

礙權益受損協調之處理及其他應遵行事項之辦法，由各級主管機關定之。

第十一條　各級政府應至少每五年舉辦身心障礙者之生活狀況、保健醫療、特殊教育、就業與訓練、交通及福利等需求評估及服務調查研究，並應出版、公布調查研究結果。

行政院每十年辦理全國人口普查時，應將身心障礙者人口調查納入普查項目。

第十二條　身心障礙福利經費來源如下：

一、各級政府按年編列之身心障礙福利預算。

二、社會福利基金。

三、身心障礙者就業基金。

四、私人或團體捐款。

五、其他收入。

前項第一款身心障礙福利預算，應以前條之調查報告爲依據，按年從寬編列。

第一項第一款身心障礙福利預算，直轄市、縣（市）主管機關財政確有困難者，應由中央政府補助，並應專款專用。

第十三條　身心障礙者對障礙鑑定及需求評估有異議者，應於收到通知書之次日起三十日內，以書面向直轄市、縣（市）主管機關提出申請重新鑑定及需求評估，並以一次爲限。

依前項申請重新鑑定及需求評估，應負擔百分之四十之相關作業費用；其異議成立者，應退還之。

逾期申請第一項重新鑑定及需求評估者，其相關作

業費用，應自行負擔。

第十四條　身心障礙證明有效期限最長為五年，身心障礙者應於效期屆滿前九十日內向戶籍所在地之直轄市、縣（市）主管機關申請辦理重新鑑定及需求評估。

身心障礙者於其證明效期屆滿前六十日尚未申請辦理重新鑑定及需求評估者，直轄市、縣（市）主管機關應以書面通知其辦理。但其障礙類別屬中央衛生主管機關規定無法減輕或恢復，無須重新鑑定者，得免予書面通知，由直轄市、縣（市）主管機關逕予核發身心障礙證明，或視個案狀況進行需求評估後，核發身心障礙證明。

身心障礙者如有正當理由，無法於效期屆滿前申請重新鑑定及需求評估者，應於效期屆滿前附具理由提出申請，經直轄市、縣（市）主管機關認定具有正當理由者，得於效期屆滿後六十日內辦理。

身心障礙者障礙情況改變時，應自行向直轄市、縣（市）主管機關申請重新鑑定及需求評估。

直轄市、縣（市）主管機關發現身心障礙者障礙情況改變時，得以書面通知其於六十日內辦理重新鑑定與需求評估。

第十五條　依前條第一項至第三項規定辦理重新鑑定及需求評估者，於原證明效期屆滿至新證明生效期間，得經直轄市、縣（市）主管機關註記後，暫以原證明繼續享有本法所定相關權益。

經重新鑑定結果，其障礙程度有變更者，其已依前項規定以原證明領取之補助，應由直轄市、縣（市）

主管機關於新證明生效後，依新證明之補助標準予以追回或補發。

身心障礙者於障礙事實消失或死亡時，其本人、家屬或利害關係人，應將其身心障礙證明繳還直轄市、縣（市）主管機關辦理註銷；未繳還者，由直轄市、縣（市）主管機關逕行註銷，並取消本法所定相關權益或追回所溢領之補助。

第十六條　身心障礙者之人格及合法權益，應受尊重及保障，對其接受教育、應考、進用、就業、居住、遷徙、醫療等權益，不得有歧視之對待。

公共設施場所營運者，不得使身心障礙者無法公平使用設施、設備或享有權利。

第十七條　身心障礙者依法請領各項福利給付或補助之權利，不得作為扣押、讓與或供擔保之標的。

第十八條　直轄市、縣（市）主管機關應建立通報系統，並由下列各級相關目的事業主管機關負責彙送資訊，以掌握身心障礙者之情況，適時提供服務或轉介：

一、衛生主管機關：疑似身心障礙者、發展遲緩或異常兒童資訊。

二、教育主管機關：疑似身心障礙學生資訊。

三、勞工主管機關：職業傷害資訊。

四、警政主管機關：交通事故資訊。

五、戶政主管機關：身心障礙者人口異動資訊。

直轄市、縣（市）主管機關受理通報後，應即進行初步需求評估，並於三十日內主動提供協助服務或轉介相關目的事業主管機關。

第十九條　各級主管機關及目的事業主管機關應依服務需求之評估結果，提供個別化、多元化之服務。

第二十條　為促進身心障礙輔具資源整合、研究發展及服務，中央主管機關及目的事業主管機關應推動辦理身心障礙輔具資源管理及研究發展等相關事宜。

第二章　保健醫療權益

第二十一條　中央衛生主管機關應規劃整合醫療資源，提供身心障礙者健康維護及生育保健。

　　　　　　直轄市、縣（市）主管機關應定期舉辦身心障礙者健康檢查及保健服務，並依健康檢查結果及身心障礙者意願，提供追蹤服務。

　　　　　　前項保健服務、追蹤服務、健康檢查項目及方式之準則，由中央衛生主管機關會同中央主管機關定之。

第二十二條　各級衛生主管機關應整合醫療資源，依身心障礙者個別需求提供保健醫療服務，並協助身心障礙福利機構提供所需之保健醫療服務。

第二十三條　醫院應為無法自行表達需求或有其他特殊需求之身心障礙者設置服務窗口，提供溝通服務或其他有助於就醫之相關服務。

　　　　　　醫院應為住院之身心障礙者提供出院準備計畫；出院準備計畫應包括下列事項：

　　　　　　一、居家照護建議。

　　　　　　二、復健治療建議。

　　　　　　三、社區醫療資源轉介服務。

四、居家環境改善建議。

五、輔具評估及使用建議。

六、轉銜服務。

七、生活重建服務建議。

八、心理諮商服務建議。

九、其他出院準備相關事宜。

第二十四條　直轄市、縣（市）衛生主管機關應依據身心障礙者人口數及就醫需求，指定醫院設立身心障礙者特別門診。

前項設立身心障礙者特別門診之醫院資格條件、診療科別、人員配置、醫療服務設施與督導考核及獎勵辦法，由中央衛生主管機關定之。

第二十五條　為加強身心障礙者之保健醫療服務，直轄市、縣（市）衛生主管機關應依據各類身心障礙者之人口數及需要，設立或獎助設立醫療復健機構及護理之家，提供醫療復健、輔具服務、日間照護及居家照護等服務。

前項所定機構及服務之獎助辦法，由中央衛生主管機關定之。

第二十六條　身心障礙者醫療復健所需之醫療費用及醫療輔具，尚未納入全民健康保險給付範圍者，直轄市、縣（市）主管機關應依需求評估結果補助之。

前項補助辦法，由中央衛生主管機關會同中央主管機關定之。

第三章　教育權益

第二十七條　各級教育主管機關應根據身心障礙者人口調查之資料，規劃特殊教育學校、特殊教育班或以其他方式教育不能就讀於普通學校或普通班級之身心障礙者，以維護其受教育之權益。

各級學校對於經直轄市、縣（市）政府鑑定安置入學或依各級學校入學方式入學之身心障礙者，不得以身心障礙、尚未設置適當設施或其他理由拒絕其入學。

各級特殊教育學校、特殊教育班之教師，應具特殊教育教師資格。

第一項身心障礙學生無法自行上下學者，應由政府免費提供交通工具；確有困難，無法提供者，應補助其交通費；直轄市、縣（市）教育主管機關經費不足者，由中央教育主管機關補助之。

第二十八條　各級教育主管機關應主動協助身心障礙者就學；並應主動協助正在接受醫療、社政等相關單位服務之身心障礙學齡者，解決其教育相關問題。

第二十九條　各級教育主管機關應依身心障礙者之家庭經濟條件，優惠其本人及其子女受教育所需相關經費；其辦法，由中央教育主管機關定之。

第三十條　各級教育主管機關辦理身心障礙者教育及入學考試時，應依其障礙類別與程度及學習需要，提供各項必需之專業人員、特殊教材與各種教育輔助器材、無障礙校園環境、點字讀物及相關教育資源，以符

公平合理接受教育之機會與應考條件。

第三十一條　各級教育主管機關應依身心障礙者教育需求，規劃辦理學前教育及視覺功能障礙者可使用之圖書資源，並獎勵民間設立學前機構、視覺功能障礙者圖書館（室），提供課後照顧服務，研發教具教材、視覺功能障礙者讀物等服務。

公立幼稚園、托兒所、課後照顧服務，應優先收托身心障礙兒童，辦理身心障礙幼童學前教育、托育服務及相關專業服務；並獎助民間幼稚園、托兒所、課後照顧服務收托身心障礙兒童。

第三十二條　身心障礙者繼續接受高級中等以上學校之教育，各級教育主管機關應予獎助；其獎助辦法，由中央教育主管機關定之。

前項學校提供身心障礙者無障礙設施，得向中央教育主管機關申請補助。

第四章　就業權益

第三十三條　各級勞工主管機關應依身心障礙者之需求，自行或結合民間資源，提供無障礙個別化職業重建服務。

前項所定職業重建服務，包括職業輔導評量、職業訓練、就業服務、職務再設計、創業輔導及其他職業重建服務。

第三十四條　各級勞工主管機關對於具有就業意願及就業能力，而不足以獨立在競爭性就業市場工作之身心障礙者，應依其工作能力，提供個別化就業安

置、訓練及其他工作協助等支持性就業服務。

各級勞工主管機關對於具有就業意願，而就業能力不足，無法進入競爭性就業市場，需長期就業支持之身心障礙者，應依其職業輔導評量結果，提供庇護性就業服務。

第三十五條　直轄市、縣（市）勞工主管機關為提供第三十三條第二項之職業訓練、就業服務及前條之庇護性就業服務，應推動設立下列機構：

一、職業訓練機構。

二、就業服務機構。

三、庇護工場。

前項各款機構得單獨或綜合設立。

第一項之私立職業訓練機構、就業服務機構、庇護工場，應向當地直轄市、縣（市）勞工主管機關申請設立許可，經發給許可證後，始得提供服務。

未經許可，不得提供第一項之服務。但依法設立之機構、團體或學校接受政府委託辦理者，不在此限。

第一項機構之設立許可、設施與專業人員配置、資格、遴用、培訓及經費補助之相關準則，由中央勞工主管機關定之。

第三十六條　各級勞工主管機關應結合相關資源，協助庇護工場營運及產品推廣。

第三十七條　各級勞工主管機關應分別訂定計畫，自行或結合

民間資源辦理第三十三條第二項職業輔導評量、職務再設計及創業輔導。

前項服務之實施方式、專業人員資格及經費補助之相關準則，由中央勞工主管機關定之。

第三十八條　各級政府機關、公立學校及公營事業機構員工總人數在三十四人以上者，進用具有就業能力之身心障礙者人數，不得低於員工總人數百分之三。

私立學校、團體及民營事業機構員工總人數在六十七人以上者，進用具有就業能力之身心障礙者人數，不得低於員工總人數百分之一，且不得少於一人。

前二項各級政府機關、公、私立學校、團體及公、民營事業機構為進用身心障礙者義務機關（構）；其員工總人數及進用身心障礙者人數之計算方式，以各義務機關（構）每月一日參加勞保、公保人數為準；第一項義務機關（構）員工員額經核定為員額凍結或列為出缺不補者，不計入員工總人數。

前項身心障礙員工之月領薪資未達勞動基準法按月計酬之基本工資數額者，不計入進用身心障礙者人數及員工總人數。但從事部分工時工作，其月領薪資達勞動基準法按月計酬之基本工資數額二分之一以上者，進用二人得以一人計入身心障礙者人數及員工總人數。

辦理庇護性就業服務之單位進用庇護性就業之身心障礙者，不計入進用身心障礙者人數及員工總

人數。

依第一項、第二項規定進用重度以上身心障礙者，每進用一人以二人核計。

警政、消防、關務、國防、海巡、法務及航空站等單位定額進用總人數之計算範圍，得於本法施行細則另定之。

第三十九條　各級政府機關、公立學校及公營事業機構為進用身心障礙者，應洽請考試院依法舉行身心障礙人員特種考試，並取消各項公務人員考試對身心障礙人員體位之不合理限制。

第四十條　進用身心障礙者之機關（構），對其所進用之身心障礙者，應本同工同酬之原則，不得為任何歧視待遇，其所核發之正常工作時間薪資，不得低於基本工資。

庇護性就業之身心障礙者，得依其產能核薪；其薪資，由進用單位與庇護性就業者議定，並報直轄市、縣（市）勞工主管機關核備。

第四十一條　經職業輔導評量符合庇護性就業之身心障礙者，由辦理庇護性就業服務之單位提供工作，並由雙方簽訂書面契約。

接受庇護性就業之身心障礙者，經第三十四條之職業輔導評量單位評量確認不適於庇護性就業時，庇護性就業服務單位應依其實際需求提供轉銜服務，並得不發給資遣費。

第四十二條　身心障礙者於支持性就業、庇護性就業時，雇主應依法為其辦理參加勞工保險、全民健康保險及

其他社會保險，並依相關勞動法規確保其權益。

庇護性就業者之職業災害補償所採薪資計算之標準，不得低於基本工資。

庇護工場給付庇護性就業者之職業災害補償後，得向直轄市、縣（市）勞工主管機關申請補助；其補助之資格條件、期間、金額、比率及方式之辦法，由中央勞工主管機關定之。

第四十三條　為促進身心障礙者就業，直轄市、縣（市）勞工主管機關應設身心障礙者就業基金；其收支、保管及運用辦法，由直轄市、縣（市）勞工主管機關定之。

進用身心障礙者人數未達第三十八條第一項、第二項標準之機關（構），應定期向所在地直轄市、縣（市）勞工主管機關之身心障礙者就業基金繳納差額補助費；其金額，依差額人數乘以每月基本工資計算。直轄市、縣（市）勞工主管機關之身心障礙者就業基金，每年應就收取前一年度差額補助費百分之三十撥交中央勞工主管機關之就業安定基金統籌分配；其提撥及分配方式，由中央勞工主管機關定之。

第四十四條　前條身心障礙者就業基金之用途如下：

一、補助進用身心障礙者達一定標準以上之機關（構），因進用身心障礙者必須購置、改裝、修繕器材、設備及其他為協助進用必要之費用。

二、核發超額進用身心障礙者之私立機構獎勵

　　　　　　　金。

　　　　三、其他爲辦理促進身心障礙者就業權益相關事
　　　　　　項。

　　　前項第二款核發之獎勵金，其金額最高按超額進
　　　用人數乘以每月基本工資二分之一計算。

第四十五條　各級勞工主管機關對於進用身心障礙者工作績優
　　　之機關（構），應予獎勵。

　　　前項獎勵辦法，由中央勞工主管機關定之。

第四十六條　非視覺功能障礙者，不得從事按摩業。但醫護人
　　　員以按摩爲病人治療者，不在此限。

　　　視覺功能障礙者經專業訓練並取得資格者，得在
　　　固定場所從事理療按摩工作。

　　　視覺功能障礙者從事按摩或理療按摩，應向執業
　　　所在地直轄市、縣（市）勞工主管機關申請按摩
　　　或理療按摩執業許可證。

　　　前項執業之資格與許可證之核發、換發、補發、
　　　廢止及其他應遵行事項之辦法，由中央勞工主管
　　　機關會同中央主管機關及中央衛生主管機關定
　　　之。

第四十七條　爲因應身心障礙者提前老化，中央勞工主管機關
　　　應建立身心障礙勞工提早退休之機制，以保障其
　　　退出職場後之生活品質。

第五章　支持服務

第四十八條　爲使身心障礙者不同之生涯福利需求得以銜接，
　　　直轄市、縣（市）主管機關相關部門，應積極溝

通、協調，制定生涯轉銜計畫，以提供身心障礙者整體性及持續性服務。

第四十九條　身心障礙者支持服務，應依多元連續服務原則規劃辦理。

直轄市、縣（市）主管機關應自行或結合民間資源提供支持服務，並不得有設籍時間之限制。

第五十條　直轄市、縣（市）主管機關應依需求評估結果辦理下列服務，以協助身心障礙者獲得所需之個人照顧：

一、居家照顧。

二、生活重建。

三、心理重建。

四、社區居住。

五、婚姻及生育輔導。

六、日間及住宿式照顧。

七、課後照顧。

八、其他有關身心障礙者個人照顧之服務。

第五十一條　直轄市、縣（市）主管機關應依需求評估結果辦理下列服務，以提高家庭照顧身心障礙者之能力：

一、臨時及短期照顧。

二、照顧者支持。

三、家庭托顧。

四、照顧者訓練及研習。

五、其他有助於提昇家庭照顧者能力及其生活品質之服務。

前條及前項之服務措施，中央主管機關及中央各目的事業主管機關於必要時，應就其內容、實施方式、服務人員之資格、訓練及管理規範等事項，訂定辦法管理之。

第五十二條　直轄市、縣（市）主管機關應辦理下列服務，以協助身心障礙者參與社會：

一、休閒及文化活動。

二、體育活動。

三、公共資訊無障礙。

四、公平之政治參與。

五、法律諮詢及協助。

六、無障礙環境。

七、輔助科技設備及服務。

八、社會宣導及社會教育。

九、其他有關身心障礙者社會參與之服務。

第五十三條　各級交通主管機關應依實際需求，邀集相關身心障礙者團體代表、當地運輸營運者及該管社政主管機關共同研商，於運輸營運者所服務之路線、航線或區域內，規劃適當路線、航線、班次、客車（機船）廂（艙），提供無障礙運輸服務。

大眾運輸工具應依前項研商結果，規劃設置便於各類身心障礙者行動與使用之無障礙設施及設備。

前項大眾運輸工具無障礙設施項目、設置方式及其他應遵行事項之辦法，由中央目的事業主管機關定之。

第五十四條　市區道路、人行道及市區道路兩旁建築物之騎樓，應符合中央目的事業主管機關所規定之無障礙相關法規。

第五十五條　有關道路無障礙之標誌、標線、號誌及識別頻率等，由中央目的事業主管機關定之。

直轄市、縣（市）政府應依前項規定之識別頻率，推動視覺功能障礙語音號誌及語音定位。

第五十六條　公共停車場應保留百分之二停車位，作為行動不便之身心障礙者專用停車位，車位未滿五十個之公共停車場，至少應保留一個身心障礙者專用停車位。非領有專用停車位識別證明者，不得違規占用。

前項專用停車位識別證明，應依需求評估結果核發。

第一項專用停車位之設置地點、空間規劃、使用方式、識別證明之核發及違規占用之處理，由中央主管機關會同交通、營建等相關單位定之。

第五十七條　新建公共建築物及活動場所，應規劃設置便於各類身心障礙者行動與使用之設施及設備。未符合規定者，不得核發建築執照或對外開放使用。

前項無障礙設備及設施之設置規定，由中央目的事業主管機關於其相關法令定之。

公共建築物及活動場所之無障礙設備及設施不符合前項規定者，各級目的事業主管機關應令其所有權人或管理機關負責人改善。但因軍事管制、古蹟維護、自然環境因素、建築物構造或設備限

制等特殊情形，設置無障礙設備及設施確有困難者，得由所有權人或管理機關負責人提具替代改善計畫，申報各級目的事業主管機關核定，並核定改善期限。

第五十八條　身心障礙者搭乘國內大眾運輸工具，憑身心障礙證明，應予半價優待。

身心障礙者經需求評估結果，認需人陪伴者，其必要陪伴者以一人為限，得享有前項之優待措施。

第一項之大眾運輸工具，身心障礙者得優先乘坐，非屬地方政府轄管者，其優待措施並不得有設籍之限制。

前三項實施方式及內容之辦法，由中央目的事業主管機關定之。

第五十九條　身心障礙者進入收費之公營風景區、康樂場所或文教設施，憑身心障礙證明應予免費；其為民營者，應予半價優待。

身心障礙者經需求評估結果，認需人陪伴者，其必要陪伴者以一人為限，得享有前項之優待措施。

第六十條　視覺功能障礙者由合格導盲犬陪同或導盲犬專業訓練人員於執行訓練時帶

同導盲幼犬，得自由出入公共場所、公共建築物、營業場所、大眾運輸工具及其他公共設施。

前項公共場所、公共建築物、營業場所、大眾運輸工具及其他公共設施之所有人、管理人或使用人，

不得對導盲幼犬及合格導盲犬收取額外費用，且不得拒絕其自由出入或附加其他出入條件。

導盲犬引領視覺功能障礙者時，他人不得任意觸摸、餵食或以各種聲響、手勢等方式干擾該導盲犬。

有關合格導盲犬及導盲幼犬之資格認定、使用管理、訓練單位之認可、認可之撤銷或廢止及其他應遵行事項之辦法，由中央主管機關定之。

第六十一條　直轄市、縣（市）政府應設置申請手語翻譯服務窗口，提供聽覺功能或言語功能障礙者參與公共事務所需之服務。

前項受理手語翻譯之服務範圍及作業程序等相關規定，由直轄市、縣（市）主管機關定之。

依第一項規定提供手語翻譯服務，應於本法公布施行滿五年之日起，由手語翻譯技術士技能檢定合格者擔任之。

第六十二條　直轄市、縣（市）主管機關應按轄區內身心障礙者人口特性及需求，推動或結合民間資源設立身心障礙福利機構，提供生活照顧、生活重建、福利諮詢等服務。

前項機構所提供之服務，應以提高家庭照顧身心障礙者能力及協助身心障礙者參與社會為原則，並得支援第五十條至第五十二條各項服務之提供。

第一項機構類型、規模、業務範圍、設施及人員配置之標準，由中央主管機關定之。

第一項機構得就其所提供之設施或服務，酌收必要費用；其收費規定，應報由直轄市、縣（市）主管機關核定。

第一項機構，其業務跨及其他目的事業者，得綜合設立，並應依各目的事業主管機關相關法規之規定辦理。

第六十三條　私人或團體設立身心障礙福利機構，應向直轄市、縣（市）主管機關申請設立許可。

依前項規定許可設立者，應自許可設立之日起三個月內，依有關法規辦理財團法人登記，於登記完成後，始得接受補助，或經主管機關核准後對外募捐並專款專用。但有下列情形之一者，得免辦理財團法人登記：

一、依其他法律申請設立之財團法人或公益社團法人申請附設者。

二、小型設立且不對外募捐、不接受補助及不享受租稅減免者。

第一項機構未於前項規定期間辦理財團法人登記，而有正當理由者，得申請直轄市、縣（市）主管機關核准延長一次，期間不得超過三個月；屆期不辦理者，原許可失其效力。

第一項機構申請設立之許可要件、申請程序、審核期限、撤銷與廢止許可、停辦、擴充與遷移、督導管理及其他相關事項之辦法，由中央主管機關定之。

第六十四條　主管機關應定期輔導及評鑑身心障礙福利機構。

前項機構經評鑑成績優良者，應予獎勵；經評鑑成績不佳者，主管機關應輔導其改善。

第一項機構之評鑑項目、方式、獎勵及輔導改善等事項之辦法，由主管機關定之。

第六十五條　身心障礙福利機構應與接受服務者或其家屬訂定書面契約，明定其權利義務關係。

直轄市、縣（市）主管機關應與接受委託安置之身心障礙福利機構訂定轉介安置書面契約，明定其權利義務關係。

前二項書面契約之格式、內容，中央主管機關應訂定定型化契約範本及其應記載及不得記載事項。

身心障礙福利機構應將中央主管機關訂定之定型化契約書範本公開並印製於收據憑證交付立約者，除另有約定外，視為已依第一項規定訂約。

第六十六條　身心障礙福利機構應投保公共意外責任保險及具有履行營運之擔保能力，以保障身心障礙者權益。

前項應投保之保險範圍及金額，由中央主管機關會商中央目的事業主管機關定之。

第一項履行營運之擔保能力，其認定標準，由所在地直轄市、縣（市）主管機關定之。

第六十七條　身心障礙者申請在公有公共場所開設零售商店或攤販，申請購買或承租國民住宅、停車位，政府應保留一定比率優先核准；其保留比率，由直轄市、縣（市）政府定之。

前項受核准者之經營條件、出租轉讓限制，依各目的事業主管機關相關規定辦理；其出租、轉讓對象應以其他身心障礙者為優先。

身心障礙者購買或承租第一項之商店或攤販，政府應提供低利貸款或租金補貼；其辦法由中央主管機關定之。

第六十八條　身心障礙福利機構、團體及符合設立庇護工場資格者，申請在公共場所設立庇護工場，或申請在國民住宅提供居住服務，直轄市、縣（市）政府應保留名額，優先核准。

前項保留名額，直轄市、縣（市）目的事業主管機關於規劃興建時，應洽商直轄市、縣（市）主管機關後納入興建計畫辦理。

第一項受核准者之經營條件、出租轉讓限制，依各目的事業主管機關相關規定辦理；其出租、轉讓對象應以身心障礙福利相關機構或團體為限。

第六十九條　身心障礙福利機構或團體、庇護工場，所生產之物品及其提供之服務，於合理價格及一定金額以下者，各級政府機關、公立學校、公營事業機構及接受政府補助之機構、團體、私立學校應優先採購。

各級主管機關應定期公告或發函各義務採購單位，告知前項物品及服務，各義務採購單位應依相關法令規定，採購該物品及服務至一定比率。

前二項物品及服務項目、比率、一定金額、合理價格、優先採購之方式及其他應遵行事項之辦

法，由中央主管機關定之。

第六章　經濟安全

第七十條　身心障礙者經濟安全保障，採生活補助、日間照顧
　　　　　及住宿式照顧補助、照顧者津貼、年金保險等方
　　　　　式，逐步規劃實施。

　　　　　前項年金保險之實施，依相關社會保險法律規定辦
　　　　　理。

第七十一條　直轄市、縣（市）主管機關對轄區內之身心障礙
　　　　　　者，應依需求評估結果，提供下列經費補助，並
　　　　　　不得有設籍時間之限制：

　　　　　　一、生活補助費。

　　　　　　二、日間照顧及住宿式照顧費用補助。

　　　　　　三、醫療費用補助。

　　　　　　四、居家照顧費用補助。

　　　　　　五、輔具費用補助。

　　　　　　六、房屋租金及購屋貸款利息補貼。

　　　　　　七、購買停車位貸款利息補貼或承租停車位補
　　　　　　　　助。

　　　　　　八、其他必要之費用補助。

　　　　　　前項經費申請資格、條件、程序、補助金額及其
　　　　　　他相關事項之辦法，除本法及其他法規另有規定
　　　　　　外，由中央主管機關及中央目的事業主管機關分
　　　　　　別定之。

　　　　　　直轄市、縣（市）主管機關為辦理第一項第一
　　　　　　款、第二款、第六款、第七款業務，應於會計年

度終了前，主動將已核定補助案件相關資料，併同有關機關提供之資料重新審核。但直轄市、縣（市）主管機關於申領人申領資格變更或審核認有必要時，得請申領人提供相關證明文件。

不符合請領資格而領取補助者，由直轄市、縣（市）主管機關以書面命本人自事實發生之日起六十日內繳還；屆期未繳還者，依法移送行政執行。

第七十二條　對於身心障礙者或其扶養者應繳納之稅捐，依法給予適當之減免。

納稅義務人或與其合併申報納稅之配偶或扶養親屬爲身心障礙者，應准予列報身心障礙特別扣除額，其金額於所得稅法定之。

身心障礙者或其扶養者依本法規定所得之各項補助，應免納所得稅。

第七十三條　身心障礙者加入社會保險，政府機關應依其家庭經濟條件，補助保險費。

前項保險費補助辦法，由中央主管機關定之。

第七章　保護服務

第七十四條　傳播媒體報導身心障礙者或疑似身心障礙者，不得使用歧視性之稱呼或描述，並不得有與事實不符或誤導閱聽人對身心障礙者產生歧視或偏見之報導。

身心障礙者涉及相關法律事件，未經法院判決確定其發生原因可歸咎於當事人之疾病或其身心障

礙狀況，傳播媒體不得將事件發生原因歸咎於當事人之疾病或其身心障礙狀況。

第七十五條　對身心障礙者不得有下列行為：

一、遺棄。

二、身心虐待。

三、限制其自由。

四、留置無生活自理能力之身心障礙者於易發生危險或傷害之環境。

五、利用身心障礙者行乞或供人參觀。

六、強迫或誘騙身心障礙者結婚。

七、其他對身心障礙者或利用身心障礙者為犯罪或不正當之行為。

第七十六條　醫事人員、社會工作人員、教育人員、警察人員及其他執行身心障礙服務業務人員，知悉身心障礙者有前條各款情形之一者，應立即向直轄市、縣（市）主管機關通報，至遲不得超過二十四小時。

村（里）長及其他任何人知悉身心障礙者有前條情形者，得通報直轄市、縣（市）主管機關。

前二項通報人之身分資料，應予保密。

直轄市、縣（市）主管機關知悉或接獲第一項及第二項通報後，應自行或委託其他機關、團體進行訪視、調查，至遲不得超過二十四小時，並應於受理案件後四日內提出調查報告。調查時得請求警政、醫院及其他相關單位協助。

第一項、第二項及前項通報流程及後續處理辦

法，由中央主管機關定之。

第七十七條　依法令或契約對身心障礙者有扶養義務之人，有喪失扶養能力致使身心障礙者有生命、身體之危難或生活陷於困境之虞者，直轄市、縣（市）主管機關得依本人、扶養義務人之申請或依職權，經調查評估後，予以適當安置。

前項之必要費用，除直轄市、縣（市）主管機關依第七十一條第一項第二款給予補助者外，由身心障礙者或扶養義務人負擔。

第七十八條　身心障礙者遭受第七十五條各款情形之一者，情況危急非立即給予保護、安置或其他處置，其生命、身體或自由有立即之危險或有危險之虞者，直轄市、縣（市）主管機關應予緊急保護、安置或為其他必要之處置。

直轄市、縣（市）主管機關為前項緊急保護、安置或為其他必要之處置時，得請求檢察官或當地警察機關協助。

第七十九條　前條之緊急安置服務，得委託相關身心障礙福利機構辦理。安置期間所必要之費用，由前條第一項之行為人支付。

前項費用，必要時由直轄市、縣（市）主管機關先行支付，並檢具支出憑證影本及計算書，請求前條第一項之行為人償還。

前項費用，經直轄市、縣（市）主管機關以書面定十日以上三十日以下期間催告償還，而屆期未償還者，得移送法院強制執行。

第八十條　第七十八條身心障礙者之緊急保護安置，不得超過七十二小時；非七十二小時以上之安置，不足以保護身心障礙者時，得聲請法院裁定繼續保護安置。繼續保護安置以三個月為限；必要時，得聲請法院裁定延長之。

繼續保護安置期間，直轄市、縣（市）主管機關應視需要，協助身心障礙者向法院提出禁治產宣告之聲請。

繼續保護安置期滿前，直轄市、縣（市）主管機關應經評估協助轉介適當之服務單位。

第八十一條　身心障礙者有受禁治產宣告之必要時，直轄市、縣（市）主管機關得協助其向法院聲請。受禁治產之原因消滅時，直轄市、縣（市）主管機關得協助進行撤銷宣告之聲請。

有改定監護人之必要時，直轄市、縣（市）主管機關應協助身心障礙者為相關之聲請。

法院為身心障礙者選定之監護人為社會福利機構者，直轄市、縣（市）主管機關應對其執行監護職務進行監督；相關監督事宜之管理辦法，由中央主管機關定之。

第八十二條　直轄市、縣（市）主管機關、相關身心障礙福利機構，於社區中提供身心障礙者居住安排服務，遭受居民以任何形式反對者，直轄市、縣（市）政府應協助其排除障礙。

第八十三條　為使無能力管理財產之身心障礙者財產權受到保障，中央主管機關應會同相關目的事業主管機

關，鼓勵信託業者辦理身心障礙者財產信託。

第八十四條　法院或檢察機關於訴訟程序實施過程，身心障礙者涉訟或須作證時，應就其障礙類別之特別需要，提供必要之協助。

刑事被告或犯罪嫌疑人因智能障礙無法為完全之陳述時，直轄市、縣（市）主管機關得依刑事訴訟法第三十五條規定，聲請法院同意指派社會工作人員擔任輔佐人。

依刑事訴訟法第三十五條第一項規定得為輔佐人之人，未能擔任輔佐人時，社會福利機構、團體得依前項規定向直轄市、縣（市）主管機關提出指派申請。

第八十五條　身心障礙者依法收容於矯正機關時，法務主管機關應考量矯正機關收容特性、現有設施狀況及身心障礙者特殊需求，作必要之改善。

第八章　罰則

第八十六條　違反第十六條第一項規定，處新臺幣十萬元以上五十萬元以下罰鍰。

違反第七十四條規定，由目的事業主管機關處新臺幣十萬元以上五十萬元以下罰鍰。

第八十七條　違反第四十條第一項規定者，由直轄市、縣（市）勞工主管機關處新臺幣十萬元以上五十萬元以下罰鍰。

第八十八條　違反第五十七條第三項規定未改善或未提具替代改善計畫或未依核定改善計畫之期限改善完成

者，各級目的事業主管機關除得勒令停止其使用外，處其所有權人或管理機關負責人新臺幣六萬元以上三十萬元以下罰鍰，並限期改善；屆期未改善者，得按次處罰至其改善完成為止；必要時，得停止供水、供電或封閉、強制拆除。

前項罰鍰收入應成立基金，供作改善及推動無障礙設備與設施經費使用；基金之收支、保管及運用辦法，由中央目的事業主管機關定之。

第八十九條　設立身心障礙福利機構未依第六十三條第一項規定申請許可設立，或應辦理財團法人登記而未依第六十三條第二項或第三項規定期限辦理者，處其負責人新臺幣六萬元以上三十萬元以下罰鍰及公告其姓名，並令限期改善。

於前項限期改善期間，不得增加收容身心障礙者，違者另處其負責人新臺幣六萬元以上三十萬元以下罰鍰，並得按次處罰。

經依第一項規定限期令其改善，屆期未改善者，再處其負責人新臺幣十萬元以上五十萬元以下罰鍰，得按次處罰，並公告其名稱，且得令其停辦。

經依前項規定令其停辦而拒不遵守者，處新臺幣二十萬元以上一百萬元以下罰鍰，並得按次處罰。

第九十條　身心障礙福利機構有下列情形之一，經主管機關查明屬實者，處新臺幣六萬元以上三十萬元以下罰鍰，並令限期改善；屆期未改善者，得按次處罰：

一、有第七十五條各款規定情形之一。

二、提供不安全之設施設備或供給不衛生之餐飲。

三、有其他重大情事，足以影響身心障礙者身心健康。

第九十一條　身心障礙福利機構停辦或決議解散時，主管機關對於該機構服務之身心障礙者，應即予適當之安置，身心障礙福利機構應予配合。不予配合者，強制實施之，並處新臺幣六萬元以上三十萬元以下罰鍰；必要時，得予接管。

前項接管之實施程序、期限與受接管機構經營權及財產管理權之限制等事項之辦法，由中央主管機關定之。

第一項停辦之機構完成改善時，得檢附相關資料及文件，向主管機關申請復業；經主管機關審核後，應將復業申請計畫書報經中央主管機關備查。

第九十二條　身心障礙福利機構於主管機關依第九十條、第九十三條、第九十四條規定限期改善期間，不得增加收容身心障礙者，違者另處新臺幣六萬元以上三十萬元以下罰鍰，並得按次處罰。

經主管機關依第九十條、第九十三條規定令其限期改善；屆期仍未改善者，得令其停辦一個月以上一年以下，並公告其名稱。停辦期限屆滿仍未改善或違反法令情節重大者，應廢止其許可；其屬法人者，得予解散。

依前項規定令其停辦而拒不遵守者，再處新臺幣

二十萬元以上一百萬元以下罰鍰，並得按次處
罰。

第九十三條　主管機關依第六十四條第一項規定對身心障礙福
利機構輔導或評鑑，發現有下列情形之一者，應
令限期改善；屆期未改善者，處新臺幣五萬元以
上二十五萬元以下罰鍰，並按次處罰：

一、業務經營方針與設立目的或捐助章程不符。

二、違反原許可設立之標準。

三、財產總額已無法達成目的事業或對於業務財
務為不實之陳報。

四、經主管機關評鑑為丙等或丁等。

第九十四條　身心障礙福利機構有下列情形之一者，應令其一
個月內改善；屆期未改善者，處新臺幣三萬元以
上十五萬元以下罰鍰，並按次處罰：

一、收費規定未依第六十二條第四項規定報主管
機關核定，或違反規定超收費用。

二、停辦、擴充或遷移未依中央主管機關依第六
十三條第四項規定所定辦法辦理。

三、違反第六十五條第一項規定，未與接受服務
者或其家屬訂定書面契約或將不得記載事項
納入契約。

四、違反第六十六條第一項規定，未投保公共意
外責任險或未具履行營運擔保能力，而辦理
身心障礙福利機構。

第九十五條　違反第七十五條各款規定情形之一者，處新臺幣
三萬元以上十五萬元以下罰鍰，並得公告其姓

名。

身心障礙者之家庭照顧者或家庭成員違反第七十五條各款規定情形之一者，除依前項規定處罰外，直轄市、縣（市）主管機關得令其接受八小時以上五十小時以下之家庭教育及輔導，並收取必要之費用；其收費規定，由直轄市、縣（市）主管機關定之。

拒不接受前項家庭教育及輔導或時數不足者，處新臺幣三千元以上一萬五千元以下罰鍰，經再通知仍不接受者，得按次處罰至其參加為止。

第九十六條　有下列情形之一者，由直轄市、縣（市）勞工主管機關處新臺幣二萬元以上十萬元以下罰鍰：

一、職業訓練機構、就業服務機構、庇護工場，違反第三十五條第三項規定，經直轄市、縣（市）政府勞工主管機關令其停止提供服務，並限期改善，未停止服務或屆期未改善。

二、私立學校、團體及民營事業機構無正當理由違反第三十八條第二項規定。

第九十七條　接受政府補助之機構、團體、私立學校無正當理由違反第六十九條第二項規定者，由各目的事業主管機關處新臺幣二萬元以上十萬元以下罰鍰。

第九十八條　違反第四十六條第一項者，由直轄市、縣（市）勞工主管機關處新臺幣一萬元以上五萬元以下罰鍰；其於營業場所內發生者，另處罰場所之負責人或所有權人新臺幣二萬元以上十萬元以下罰鍰，並令限期改善；屆期未改善者，按次處罰。

前項罰鍰之收入，應納入直轄市、縣（市）政府身心障礙者就業基金，專供作促進視覺功能障礙者就業之用。

第九十九條　大眾運輸工具未依第五十三條第三項規定所定辦法設置無障礙設施者，該管交通主管機關應責令業者於一定期限內提具改善計畫，報請該管交通主管機關核定後辦理。逾期不提出計畫或未依計畫辦理改善者，處新臺幣一萬元以上五萬元以下罰鍰，並得按次連續處罰。原核定執行計畫於執行期間如有變更之必要者，得報請原核定機關同意後變更，並以一次為限。

公共停車場未依第五十六條第一項規定保留一定比率停車位者，目的事業主管機關應令限期改善；屆期未改善者，處其所有人或管理人新臺幣一萬元以上五萬元以下罰鍰。

第一○○條　違反第十六條第二項或第六十條第二項規定者，應令限期改善；屆期未改善者，處新臺幣一萬元以上五萬元以下罰鍰，並得按次處罰。

第一○一條　提供庇護性就業服務之單位違反第四十一條第一項規定者，直轄市、縣（市）勞工主管機關應令限期改善；屆期未改善者，處新臺幣六千元以上三萬元以下罰鍰，並得按次處罰。

第一○二條　公務員執行職務有下列行為之一者，應受懲處：

一、違反第十六條第一項規定。

二、無正當理由違反第三十八條第一項、第六十七條第一項、第六十八條第一項或第六十九條第

二項規定。

第一〇三條 各級政府勞工主管機關對於違反第三十八條第一項或第二項之規定者，得公告之。

未依第四十三條第二項規定定期繳納差額補助費者，自期限屆滿之翌日起至完納前一日止，每逾一日加徵其未繳差額補助費百分之零點二滯納金。

但以其未繳納之差額補助費一倍為限。

前項滯納金之收入，應繳入直轄市、縣（市）政府身心障礙者就業基金專款專用。

第一〇四條 本法所定罰則，除另有規定者外，由直轄市、縣（市）主管機關處罰之。

第九章　附則

第一〇五條 各級政府每年應向其民意機關報告本法之執行情形。

第一〇六條 中華民國九十六年六月五日修正之條文全面施行前已領有身心障礙手冊者，應依直轄市、縣（市）主管機關指定期日及方式，辦理重新鑑定及需求評估或換發身心障礙證明；屆期未辦理者，直轄市、縣（市）主管機關得逕予註銷身心障礙手冊。

依前項規定辦理重新鑑定及需求評估或換發身心障礙證明之身心障礙者，於直轄市、縣（市）主管機關發給身心障礙證明前，得依中華民國九十六年六月五日修正之條文公布前之規定，繼續享

有原有身心障礙福利服務。

無法於直轄市、縣（市）主管機關指定期日辦理
重新鑑定及需求評估者，應於指定期日前，附具
理由向直轄市、縣（市）主管機關申請展延，經
認有正當理由者，得予展延，最長以六十日為
限。

直轄市、縣（市）主管機關應於中華民國九十六
年六月五日修正之條文全面施行後五年內，完成
第一項相關作業。

第一○七條　中華民國九十六年六月五日修正之第三十八條自
公布後二年施行；第五條至第七條、第十三條至
第十五條、第十八條、第二十六條、第五十條、
第五十一條、第五十六條、第五十八條、第五十
九條及第七十一條，自公布後五年施行。

第一○八條　本法施行細則，由中央主管機關定之。

第一○九條　本法除另定施行日期者外，自公布日施行。

附錄八　兒童及少年福利法

中華民國九十二年五月二十八日

總統華總（一）義字第○九二○○○九六七○○號令制定公布

第一章　總則

第一條　為促進兒童及少年身心健全發展，保障其權益，增進
　　　　其福利，特制定本法。
　　　　兒童及少年福利依本法之規定，本法未規定者，適用
　　　　其他法律之規定。

第二條　本法所稱兒童及少年，指未滿十八歲之人；所稱兒
　　　　童，指未滿十二歲之人；所稱少年，指十二歲以上未
　　　　滿十八歲之人。

第三條　父母或監護人對兒童及少年應負保護、教養之責任。
　　　　對於主管機關、目的事業主管機關或兒童及少年福利
　　　　機構依本法所為之各項措施，應配合及協助。

第四條　政府及公私立機構、團體應協助兒童及少年之父母或
　　　　監護人，維護兒童及少年健康，促進其身心健全發
　　　　展，對於需要保護、救助、輔導、治療、早期療育、
　　　　身心障礙重建及其他特殊協助之兒童及少年，應提供
　　　　所需服務及措施。

第五條　政府及公私立機構、團體處理兒童及少年相關事務
　　　　時，應以兒童及少年之最佳利益為優先考量；有關其
　　　　保護及救助，並應優先處理。

兒童及少年之權益受到不法侵害時，政府應予適當之協助及保護。

第六條　本法所稱主管機關：在中央為內政部；在直轄市為直轄市政府；在縣（市）為縣（市）政府。

前項主管機關在中央應設兒童及少年局；在直轄市及縣（市）政府應設兒童及少年福利專責單位。

第七條　下列事項，由中央主管機關掌理。但涉及各中央目的事業主管機關職掌，依法應由各中央目的事業主管機關掌理者，從其規定：

一、全國性兒童及少年福利政策、法規與方案之規劃、釐定及宣導事項。

二、對直轄市、縣（市）政府執行兒童及少年福利之監督及協調事項。

三、中央兒童及少年福利經費之分配及補助事項。

四、兒童及少年福利事業之策劃、獎助及評鑑之規劃事項。

五、兒童及少年福利專業人員訓練之規劃事項。

六、國際兒童及少年福利業務之聯繫、交流及合作事項。

七、兒童及少年保護業務之規劃事項。

八、中央或全國性兒童及少年福利機構之設立、監督及輔導事項。

九、其他全國性兒童及少年福利之策劃及督導事項。

第八條　下列事項，由直轄市、縣（市）主管機關掌理。但涉及各地方目的事業主管機關職掌，依法應由各地方目的事業主管機關掌理者，從其規定：

一、直轄市、縣（市）兒童及少年福利政策、自治法
　　規與方案之規劃、釐定、宣導及執行事項。

二、中央兒童及少年福利政策、法規及方案之執行事
　　項。

三、兒童及少年福利專業人員訓練之執行事項。

四、兒童及少年保護業務之執行事項。

五、直轄市、縣（市）兒童及少年福利機構之設立、
　　監督及輔導事項。

六、其他直轄市、縣（市）兒童及少年福利之策劃及
　　督導事項。

第九條　本法所定事項，主管機關及各目的事業主管機關應就
　　　　其權責範圍，針對兒童及少年之需要，尊重多元文化
　　　　差異，主動規劃所需福利，對涉及相關機關之兒童及
　　　　少年福利業務，應全力配合之。

　　　　主管機關及各目的事業主管機關權責劃分如下：

一、主管機關：主管兒童及少年福利法規、政策、福
　　利工作、福利事業、專業人員訓練、兒童及少年
　　保護、親職教育、福利機構設置等相關事宜。

二、衛生主管機關：主管婦幼衛生、優生保健、發展
　　遲緩兒童早期醫療、兒童及少年心理保健、醫
　　療、復健及健康保險等相關事宜。

三、教育主管機關：主管兒童及少年教育及其經費之
　　補助、特殊教育、幼稚教育、兒童及少年就學、
　　家庭教育、社會教育、兒童課後照顧服務等相關
　　事宜。

四、勞工主管機關：主管年滿十五歲少年之職業訓

練、就業服務、勞動條件之維護等相關事宜。

五、建設、工務、消防主管機關：主管兒童及少年福利機構建築物管理、公共設施、公共安全、建築物環境、消防安全管理、遊樂設施等相關事宜。

六、警政主管機關：主管兒童及少年保護個案人身安全之維護、失蹤兒童及少年之協尋等相關事宜。

七、交通主管機關：主管兒童及少年交通安全、幼童專用車檢驗等相關事宜。

八、新聞主管機關：主管兒童及少年閱聽權益之維護、媒體分級等相關事宜之規劃與辦理。

九、戶政主管機關：主管兒童及少年身分資料及戶籍相關事宜。

十、財政主管機關：主管兒童及少年福利機構稅捐之減免等相關事宜。

十一、其他兒童及少年福利措施由各相關目的事業主管機關依職權辦理。

第十條　主管機關為協調、研究、審議、諮詢及推動兒童及少年福利政策，應設諮詢性質之委員會。

前項委員會以行政首長為主任委員，學者、專家及民間團體代表之比例不得低於委員人數之二分之一。委員會每年至少應開會四次。

第十一條　政府及公私立機構、團體應培養兒童及少年福利專業人員，並應定期舉辦職前訓練及在職訓練。

第十二條　兒童及少年福利經費之來源如下：

一、各級政府年度預算及社會福利基金。

二、私人或團體捐贈。

三、依本法所處之罰鍰。

四、其他相關收入。

第二章　身分權益

第十三條　胎兒出生後七日內，接生人應將其出生之相關資料
　　　　　通報戶政及衛生主管機關備查。

　　　　　接生人無法取得完整資料以填報出生通報者，仍應
　　　　　為前項之通報。戶政主管機關應於接獲通報後，依
　　　　　相關規定辦理；必要時，得請求主管機關、警政及
　　　　　其他目的事業主管機關協助。

　　　　　出生通報表由中央衛生主管機關定之。

第十四條　法院認可兒童及少年收養事件，應基於兒童及少年
　　　　　之最佳利益，斟酌收養人之人格、經濟能力、家庭
　　　　　狀況及以往照顧或監護其他兒童及少年之紀錄決定
　　　　　之。

　　　　　滿七歲之兒童及少年被收養時，兒童及少年之意願
　　　　　應受尊重。兒童及少年不同意時，非確信認可被收
　　　　　養，乃符合其最佳利益，法院應不予認可。

　　　　　法院認可兒童及少年之收養前，得准收養人與兒童
　　　　　及少年先行共同生活一段期間，供法院決定認可之
　　　　　參考；共同生活期間，對於兒童及少年權利義務之
　　　　　行使或負擔，由收養人為之。

　　　　　法院認可兒童及少年之收養前，應命主管機關或兒
　　　　　童及少年福利機構進行訪視，提出調查報告及建
　　　　　議。收養人或收養事件之利害關係人亦得提出相關
　　　　　資料或證據，供法院斟酌。

前項主管機關或兒童及少年福利機構進行前項訪視，應調查出養之必要性，並給予必要之協助。其無出養之必要者，應建議法院不為收養之認可。

法院對被遺棄兒童及少年為收養認可前，應命主管機關調查其身分資料。

父母對於兒童及少年出養之意見不一致，或一方所在不明時，父母之一方仍可向法院聲請認可。經法院調查認為收養乃符合兒童及少年之最佳利益時，應予認可。

法院認可或駁回兒童及少年收養之聲請時，應以書面通知主管機關，主管機關應為必要之訪視或其他處置，並作成報告。

第十五條　收養兒童及少年經法院認可者，收養關係溯及於收養書面契約成立時發生效力；無書面契約者，以向法院聲請時為收養關係成立之時；有試行收養之情形者，收養關係溯及於開始共同生活時發生效力。

聲請認可收養後，法院裁定前，兒童及少年死亡者，聲請程序終結。收養人死亡者，法院應命主管機關或其委託機構為調查，並提出報告及建議，法院認收養於兒童及少年有利益時，仍得為認可收養之裁定，其效力依前項之規定。

第十六條　養父母對養子女有下列之行為，養子女、利害關係人或主管機關得向法院聲請宣告終止其收養關係：

一、有第三十條各款所定行為之一。

二、違反第二十六條第二項或第二十八條第二項規定，情節重大者。

第十七條　中央主管機關應自行或委託兒童及少年福利機構設立收養資訊中心，保存出養人、收養人及被收養兒童及少年之身分、健康等相關資訊之檔案。

收養資訊中心、所屬人員或其他辦理收出養業務之人員，對前項資訊，應妥善維護當事人之隱私並負專業上保密之責，未經當事人同意或依法律規定者，不得對外提供。

第一項資訊之範圍、來源、管理及使用辦法，由中央主管機關定之。

第十八條　父母或監護人因故無法對其兒童及少年盡扶養義務時，於聲請法院認可收養前，得委託有收出養服務之兒童及少年福利機構，代覓適當之收養人。

前項機構應於接受委託後，先為出養必要性之訪視調查；評估有其出養必要後，始為寄養、試養或其他適當之安置、輔導與協助。

兒童及少年福利機構從事收出養服務項目之許可、管理、撤銷及收出養媒介程序等事項，由中央主管機關定之。

第三章 福利措施

第十九條　直轄市、縣（市）政府，應鼓勵、輔導、委託民間或自行辦理下列兒童及少年福利措施：

一、建立發展遲緩兒童早期通報系統，並提供早期療育服務。

二、辦理兒童托育服務。

三、對兒童及少年及其家庭提供諮詢輔導服務。

四、對兒童及少年及其父母辦理親職教育。

五、對於無力撫育其未滿十二歲之子女或被監護人
　　者，予以家庭生活扶助或醫療補助。

六、對於無謀生能力或在學之少年，無扶養義務人
　　或扶養義務人無力維持其生活者，予以生活扶
　　助或醫療補助。

七、早產兒、重病兒童及少年與發展遲緩兒童之扶
　　養義務人無力支付醫療費用之補助。

八、對於不適宜在家庭內教養或逃家之兒童及少
　　年，提供適當之安置。

九、對於無依兒童及少年，予以適當之安置。

十、對於未婚懷孕或分娩而遭遇困境之婦嬰，予以
　　適當之安置及協助。

十一、提供兒童及少年適當之休閒、娛樂及文化活
　　　動。

十二、辦理兒童課後照顧服務。

十三、其他兒童及少年及其家庭之福利服務。

前項第九款無依兒童及少年之通報、協尋、安置方
式、要件、追蹤之處理辦法，由中央主管機關定
之。

第一項第十二款之兒童課後照顧服務，得由直轄
市、縣（市）政府指定所屬國民小學辦理，其辦理
方式、人員資格等相關事項標準，由教育部會同內
政部定之。

第二十條　政府應規劃實施三歲以下兒童醫療照顧措施，必要
　　　　　時並得補助其費用。

前項費用之補助對象、項目、金額及其程序等之辦法，由中央主管機關定之。

第二十一條　疑似發展遲緩兒童或身心障礙兒童及少年之父母或監護人，得申請警政主管機關建立疑似發展遲緩兒童或身心障礙兒童及少年之指紋資料。

第二十二條　各類兒童及少年福利、教育及醫療機構，發現有疑似發展遲緩兒童或身心障礙兒童及少年，應通報直轄市、縣（市）主管機關。直轄市、縣（市）主管機關應將接獲資料，建立檔案管理，並視其需要提供、轉介適當之服務。

第二十三條　政府對發展遲緩兒童，應按其需要，給予早期療育、醫療、就學方面之特殊照顧。

父母、監護人或其他實際照顧兒童之人，應配合前項政府對發展遲緩兒童所提供之各項特殊照顧。

早期療育所需之篩檢、通報、評估、治療、教育等各項服務之銜接及協調機制，由中央主管機關會同衛生、教育主管機關規劃辦理。

第二十四條　兒童及孕婦應優先獲得照顧。

交通及醫療等公、民營事業應提供兒童及孕婦優先照顧措施。

第二十五條　少年年滿十五歲有進修或就業意願者，教育、勞工主管機關應視其性向及志願，輔導其進修、接受職業訓練或就業。

雇主對年滿十五歲之少年員工應提供教育進修機會，其辦理績效良好者，勞工主管機關應予獎勵。

第四章　保護措施

第二十六條　兒童及少年不得為下列行為：

一、吸菸、飲酒、嚼檳榔。

二、施用毒品、非法施用管制藥品或其他有害身
心健康之物質。

三、觀看、閱覽、收聽或使用足以妨害其身心健
康之暴力、色情、猥褻、賭博之出版品、圖
畫、錄影帶、錄音帶、影片、光碟、磁片、
電子訊號、遊戲軟體、網際網路或其他物
品。

四、在道路上競駛、競技或以蛇行等危險方式駕
車或參與其行為。

父母、監護人或其他實際照顧兒童及少年之人，
應禁止兒童及少年為前項各款行為。

任何人均不得供應第一項之物質、物品予兒童及
少年。

第二十七條　出版品、電腦軟體、電腦網路應予分級；其他有
害兒童及少年身心健康之物品經目的事業主管機
關認定應予分級者，亦同。

前項物品列為限制級者，禁止對兒童及少年為租
售、散布、播送或公然陳列。

第一項物品之分級辦法，由目的事業主管機關定
之。

第二十八條　兒童及少年不得出入酒家、特種咖啡茶室、限制
級電子遊戲場及其他涉及賭博、色情、暴力等經

主管機關認定足以危害其身心健康之場所。

父母、監護人或其他實際照顧兒童及少年之人，應禁止兒童及少年出入前項場所。

第一項場所之負責人及從業人員應拒絕兒童及少年進入。

第二十九條　父母、監護人或其他實際照顧兒童及少年之人，應禁止兒童及少年充當前條第一項場所之侍應或從事危險、不正當或其他足以危害或影響其身心發展之工作。

任何人不得利用、僱用或誘迫兒童及少年從事前項之工作。

第三十條　任何人對於兒童及少年不得有下列行為：

一、遺棄。

二、身心虐待。

三、利用兒童及少年從事有害健康等危害性活動或欺騙之行為。

四、利用身心障礙或特殊形體兒童及少年供人參觀。

五、利用兒童及少年行乞。

六、剝奪或妨礙兒童及少年接受國民教育之機會。

七、強迫兒童及少年婚嫁。

八、拐騙、綁架、買賣、質押兒童及少年，或以兒童及少年為擔保之行為。

九、強迫、引誘、容留或媒介兒童及少年為猥褻行為或性交。

十、供應兒童及少年刀械、槍砲、彈藥或其他
　　危險物品。

十一、利用兒童及少年拍攝或錄製暴力、猥褻、
　　　色情或其他有害兒童及少年身心發展之出
　　　版品、圖畫、錄影帶、錄音帶、影片、光
　　　碟、磁片、電子訊號、遊戲軟體、網際網
　　　路或其他物品。

十二、違反媒體分級辦法，對兒童及少年提供或
　　　播送有害其身心發展之出版品、圖畫、錄
　　　影帶、影片、光碟、電子訊號、網際網路
　　　或其他物品。

十三、帶領或誘使兒童及少年進入有礙其身心健
　　　康之場所。

十四、其他對兒童及少年或利用兒童及少年犯罪
　　　或為不正當之行為。

第三十一條　孕婦不得吸菸、酗酒、嚼檳榔、施用毒品、非法
　　　　　施用管制藥品或為其他有害胎兒發育之行為。
　　　　　任何人不得強迫、引誘或以其他方式使孕婦為有
　　　　　害胎兒發育之行為。

第三十二條　父母、監護人或其他實際照顧兒童之人不得使兒
　　　　　童獨處於易發生危險或傷害之環境；對於六歲以
　　　　　下兒童或需要特別看護之兒童及少年，不得使其
　　　　　獨處或由不適當之人代為照顧。

第三十三條　兒童及少年有下列情事之一，宜由相關機構協
　　　　　助、輔導者，直轄市、縣（市）主管機關得依其
　　　　　父母、監護人或其他實際照顧兒童及少年之人之

申請或經其同意，協調適當之機構協助、輔導或安置之：

一、違反第二十六條第一項、第二十八條第一項規定或從事第二十九條第一項禁止從事之工作，經其父母、監護人或其他實際照顧兒童及少年之人盡力禁止而無效果。

二、有品行不端、暴力等偏差行為，情形嚴重，經其父母、監護人或其他實際照顧兒童及少年之人盡力矯正而無效果。

前項機構協助、輔導或安置所必要之生活費、衛生保健費、學雜各費及其他相關費用，由扶養義務人負擔。

第三十四條　醫事人員、社會工作人員、教育人員、保育人員、警察、司法人員及其他執行兒童及少年福利業務人員，知悉兒童及少年有下列情形之一者，應立即向直轄市、縣（市）主管機關通報，至遲不得超過二十四小時：

一、施用毒品、非法施用管制藥品或其他有害身心健康之物質。

二、充當第二十八條第一項場所之侍應。

三、遭受第三十條各款之行為。

四、有第三十六條第一項各款之情形。

五、遭受其他傷害之情形。

其他任何人知悉兒童及少年有前項各款之情形者，得通報直轄市、縣（市）主管機關。

直轄市、縣（市）主管機關於知悉或接獲通報前

二項案件時，應立即處理，至遲不得超過二十四
小時，其承辦人員並應於受理案件後四日內提出
調查報告。

第一項及第二項通報及處理辦法，由中央主管機
關定之。

第一項及第二項通報人之身分資料，應予保密。

第三十五條　兒童及少年罹患性病或有酒癮、藥物濫用情形
者，其父母、監護人或其他實際照顧兒童及少年
之人應協助就醫，或由直轄市、縣（市）主管機
關會同衛生主管機關配合協助就醫；必要時，得
請求警察主管機關協助。

前項治療所需之費用，由兒童及少年之父母、監
護人負擔。但屬全民健康保險給付範圍或依法補
助者，不在此限。

第三十六條　兒童及少年有下列各款情形之一，非立即給予保
護、安置或為其他處置，其生命、身體或自由有立
即之危險或有危險之虞者，直轄市、縣（市）主管
機關應予緊急保護、安置或為其他必要之處置：

一、兒童及少年未受適當之養育或照顧。

二、兒童及少年有立即接受診治之必要，而未就
　　醫者。

三、兒童及少年遭遺棄、身心虐待、買賣、質
　　押，被強迫或引誘從事不正當之行為或工作
　　者。

四、兒童及少年遭受其他迫害，非立即安置難以
　　有效保護者。

直轄市、縣（市）主管機關為前項緊急保護、安
置或為其他必要之處置時，得請求檢察官或當地
警察機關協助之。

第一項兒童及少年之安置，直轄市、縣（市）主
管機關得辦理家庭寄養、交付適當之兒童及少年
福利機構或其他安置機構教養之。

第三十七條　直轄市、縣（市）主管機關依前條規定緊急安置
時，應即通報當地地方法院及警察機關，並通知
兒童及少年之父母、監護人。但其無父母、監護
人或通知顯有困難時，得不通知之。

緊急安置不得超過七十二小時，非七十二小時以
上之安置不足以保護兒童及少年者，得聲請法院
裁定繼續安置。繼續安置以三個月為限；必要
時，得聲請法院裁定延長之。

繼續安置之聲請，得以電訊傳真或其他科技設備
為之。

第三十八條　直轄市、縣（市）主管機關、父母、監護人、受
安置兒童及少年對於前條第二項裁定有不服者，
得於裁定送達後十日內提起抗告。對於抗告法院
之裁定不得再抗告。

聲請及抗告期間，原安置機關、機構或寄養家庭
得繼續安置。

安置期間因情事變更或無依原裁定繼續安置之必
要者，直轄市、縣（市）主管機關、父母、原監
護人、受安置兒童及少年得向法院聲請變更或撤
銷之。

直轄市、縣（市）主管機關對於安置期間期滿或依前項撤銷安置之兒童及少年，應續予追蹤輔導一年。

第三十九條　安置期間，直轄市、縣（市）主管機關或受其交付安置之機構或寄養家庭在保護安置兒童及少年之範圍內，行使、負擔父母對於未成年子女之權利義務。

法院裁定得繼續安置兒童及少年者，直轄市、縣（市）主管機關或受其交付安置之機構或寄養家庭，應選任其成員一人執行監護事務，並負與親權人相同之注意義務。直轄市、縣（市）主管機關應陳報法院執行監護事務之人，並應按個案進展作成報告備查。

安置期間，兒童及少年之父母、原監護人、親友、師長經主管機關許可，得依其指示時間、地點及方式，探視兒童及少年。不遵守指示者，直轄市、縣（市）主管機關得禁止之。

主管機關為前項許可時，應尊重兒童及少年之意願。

第四十條　安置期間，非為貫徹保護兒童及少年之目的，不得使其接受訪談、偵訊、訊問或身體檢查。

兒童及少年接受訪談、偵訊、訊問或身體檢查，應由社會工作人員陪同，並保護其隱私。

第四十一條　兒童及少年因家庭發生重大變故，致無法正常生活於其家庭者，其父母、監護人、利害關係人或兒童及少年福利機構，得申請直轄市、縣（市）

主管機關安置或輔助。

前項安置，直轄市、縣（市）主管機關得辦理家庭寄養、交付適當之兒童及少年福利機構或其他安置機構教養之。

直轄市、縣（市）主管機關、受寄養家庭或機構負責人依第一項規定，在安置兒童及少年之範圍內，行使、負擔父母對於未成年子女之權利義務。

第一項之家庭情況改善者，被安置之兒童及少年仍得返回其家庭，並由主管機關續予追蹤輔導一年。

第二項及第三十六條第三項之家庭寄養，其寄養條件、程序與受寄養家庭之資格、許可、督導、考核及獎勵之辦法，由直轄市、縣（市）主管機關定之。

第四十二條　直轄市、縣（市）主管機關依第三十六條第三項或前條第二項對兒童及少年為安置時，因受寄養家庭或安置機構提供兒童及少年必要服務所需之生活費、衛生保健費、學雜各費及其他與安置有關之費用，得向扶養義務人收取；其收費規定，由直轄市、縣（市）主管機關定之。

第四十三條　兒童及少年有第三十條或第三十六條第一項各款情事，或屬目睹家庭暴力之兒童及少年，經直轄市、縣（市）主管機關列為保護個案者，該主管機關應提出兒童及少年家庭處遇計畫；必要時，得委託兒童及少年福利機構或團體辦理。

前項處遇計畫得包括家庭功能評估、兒童少年安全與安置評估、親職教育、心理輔導、精神治療、戒癮治療或其他與維護兒童及少年或其他家庭正常功能有關之扶助及福利服務方案。

處遇計畫之實施，兒童及少年本人、父母、監護人、實際照顧兒童及少年之人或其他有關之人應予配合。

第四十四條　依本法保護、安置、訪視、調查、評估、輔導、處遇兒童及少年或其家庭，應建立個案資料，並定期追蹤評估。

因職務上所知悉之秘密或隱私及所製作或持有之文書，應予保密，非有正當理由，不得洩漏或公開。

第四十五條　對於依少年事件處理法所轉介或交付安置輔導之兒童及少年及其家庭，當地主管機關應予以追蹤輔導，並提供必要之福利服務。

前項追蹤輔導及福利服務，得委託兒童及少年福利機構為之。

第四十六條　宣傳品、出版品、廣播電視、電腦網路或其他媒體不得報導或記載遭受第三十條或第三十六條第一項各款行為兒童及少年之姓名或其他足以識別身分之資訊。兒童及少年有施用毒品、非法施用管制藥品或其他有害身心健康之物質之情事者，亦同。

行政機關及司法機關所製作必須公開之文書，不得揭露足以識別前項兒童及少年身分之資訊。

除前二項以外之任何人亦不得於媒體、資訊或以其他公示方式揭示有關第一項兒童及少年之姓名及其他足以識別身分之資訊。

第四十七條　直轄市、縣（市）主管機關就本法規定事項，必要時，得自行或委託兒童及少年福利機構、團體進行訪視、調查及處遇。

直轄市、縣（市）主管機關或受其委託之機構或團體進行訪視、調查及處遇時，兒童及少年之父母、監護人、實際照顧兒童及少年之人、師長、雇主、醫事人員及其他有關之人應予配合並提供相關資料；必要時，該主管機關並得請求警政、戶政、財政、教育或其他相關機關或機構協助，被請求之機關或機構應予配合。

第四十八條　父母或監護人對兒童及少年疏於保護、照顧情節嚴重，或有第三十條、第三十六條第一項各款行為，或未禁止兒童及少年施用毒品、非法施用管制藥品者，兒童及少年或其最近尊親屬、主管機關、兒童及少年福利機構或其他利害關係人，得聲請法院宣告停止其親權或監護權之全部或一部，或另行選定或改定監護人；對於養父母，並得聲請法院宣告終止其收養關係。

法院依前項規定選定或改定監護人時，得指定主管機關、兒童及少年福利機構之負責人或其他適當之人為兒童及少年之監護人，並得指定監護方法、命其父母、原監護人或其他扶養義務人交付子女、支付選定或改定監護人相當之扶養費用及

報酬、命為其他必要處分或訂定必要事項。

前項裁定，得為執行名義。

第四十九條 有事實足以認定兒童及少年之財產權益有遭受侵害之虞者，主管機關得請求法院就兒童及少年財產之管理、使用、收益或處分，指定或改定社政主管機關或其他適當之人任監護人或指定監護之方法，並得指定或改定受託人管理財產之全部或一部。

前項裁定確定前，主管機關得代為保管兒童及少年之財產。

第五章 福利機構

第五十條 兒童及少年福利機構分類如下：

一、托育機構。

二、早期療育機構。

三、安置及教養機構。

四、心理輔導或家庭諮詢機構。

五、其他兒童及少年福利機構。

前項兒童及少年福利機構之規模、面積、設施、人員配置及業務範圍等事項之標準，由中央主管機關定之。

第一項兒童及少年福利機構，各級主管機關應鼓勵、委託民間或自行創辦；其所屬公立兒童及少年福利機構之業務，必要時，並得委託民間辦理。

第五十一條 兒童及少年福利機構之業務，應遴用專業人員辦

理；其專業人員之類別、資格、訓練及課程等之辦法，由中央主管機關定之。

第五十二條　私人或團體辦理兒童及少年福利機構，應向當地主管機關申請設立許可；其有對外勸募行為且享受租稅減免者，應於設立許可之日起六個月內辦理財團法人登記。

前項期間辦理財團法人登記，而有正當理由者，得申請核准延長一次，期間不得超過三個月；屆期不辦理者，原許可失其效力。

第一項申請設立之許可要件、申請程序、審核期限、撤銷與廢止許可、督導管理及其他應遵行事項之辦法，由中央主管機關定之。

第五十三條　兒童及少年福利機構不得利用其事業為任何不當之宣傳；其接受捐贈者，應公開徵信，並不得利用捐贈為設立目的以外之行為。

主管機關應辦理輔導、監督、檢查、評鑑及獎勵兒童及少年福利機構。

前項評鑑對象、項目、方式及獎勵方式等辦法，由主管機關定之。

第六章　罰則

第五十四條　接生人違反第十三條規定者，由衛生主管機關處新臺幣六千元以上三萬元以下罰鍰。

第五十五條　父母、監護人或其他實際照顧兒童及少年之人，違反第二十六條第二項規定情節嚴重者，處新臺幣一萬元以上五萬元以下罰鍰。

供應菸、酒或檳榔予兒童及少年者，處新臺幣三千元以上一萬五千元以下罰鍰。

供應毒品、非法供應管制藥品或其他有害身心健康之物質予兒童及少年者，處新臺幣六萬元以上三十萬元以下罰鍰。

供應有關暴力、猥褻或色情之出版品、圖畫、錄影帶、影片、光碟、電子訊號、電腦網路或其他物品予兒童及少年者，處新臺幣六千元以上三萬元以下罰鍰。

第五十六條　父母、監護人或其他實際照顧兒童及少年之人，違反第二十八條第二項規定者，處新臺幣一萬元以上五萬元以下罰鍰。

違反第二十八條第三項規定者，處新臺幣二萬元以上十萬元以下罰鍰，並公告場所負責人姓名。

第五十七條　父母、監護人或其他實際照顧兒童及少年之人，違反第二十九條第一項規定者，處新臺幣二萬元以上十萬元以下罰鍰，並公告其姓名。

違反第二十九條第二項規定者，處新臺幣六萬元以上三十萬元以下罰鍰，公告行為人及場所負責人之姓名，並令其限期改善；屆期仍不改善者，除情節嚴重，由主管機關移請目的事業主管機關令其歇業者外，令其停業一個月以上一年以下。

第五十八條　違反第三十條規定者，處新臺幣三萬元以上十五萬元以下罰鍰，並公告其姓名。

違反第三十條第十二款規定者，處新臺幣十萬元以上五十萬元以下罰鍰，並得勒令停業一個月以

上一年以下。

第五十九條 違反第三十一條第二項規定者，處新臺幣一萬元以上五萬元以下罰鍰。

第六十條 違反第三十二條規定者，處新臺幣三千元以上一萬五千元以下罰鍰。

第六十一條 違反第三十四條第一項規定而無正當理由者，處新臺幣六千元以上三萬元以下罰鍰。

第六十二條 違反第十七條第二項、第三十四條第五項、第四十四條第二項、第四十六條第三項而無正當理由者，處新臺幣六千元以上三萬元以下罰鍰。

第六十三條 違反第四十六條第一項規定者，各目的事業主管機關對其負責人及行為人，得各處新臺幣三萬元以上三十萬元以下罰鍰，並得沒入第四十六條第一項規定之物品。

第六十四條 兒童及少年之父母、監護人、實際照顧兒童及少年之人、師長、雇主、醫事人員及其他有關之人違反第四十七條第二項規定而無正當理由者，處新臺幣六千元以上三萬元以下罰鍰，並得按次處罰，至其配合或提供相關資料為止。

第六十五條 父母、監護人或其他實際照顧兒童及少年之人有下列情事之一者，直轄市、縣（市）主管機關得令其接受八小時以上五十小時以下之親職教育輔導，並收取必要之費用；其收費規定，由直轄市、縣（市）主管機關定之：

一、對於兒童及少年所為第二十六條第一項第二款行為，未依同條第二項規定予以禁止。

二、違反第二十八條第二項、第二十九條第一
　　項、第三十條或第三十二條規定，情節嚴
　　重。

三、有第三十六條第一項各款情事之一者。

經直轄市、縣（市）主管機關令其接受前項親職
教育輔導，有正當理由無法如期參加者，得申請
延期。

拒不接受第一項親職教育輔導或時數不足者，處
新臺幣三千元以上一萬五千元以下罰鍰；經再通
知仍不接受者，得按次連續處罰，至其參加為
止。

第六十六條　違反第五十二條第一項規定者，由設立許可主管
機關處新臺幣六萬元以上三十萬元以下罰鍰並公
告其姓名，並命其限期申辦設立許可，屆期仍不
辦理者，得按次處罰。

經設立許可主管機關依第五十二條第一項規定令
其立即停止對外勸募之行為，而不遵令者，由設
立許可主管機關處新臺幣六萬元以上三十萬元以
下罰鍰並限期改善；屆期仍不改善者，得按次處
罰並公告其名稱，並得令其停辦一日以上一個月
以下。

兒童及少年福利機構有下列各款情形之一者，設
立許可主管機關應通知其限期改善；屆期仍不改
善者，得令其停辦一個月以上一年以下：

一、虐待或妨害兒童及少年身心健康者。

二、違反法令或捐助章程者。

三、業務經營方針與設立目的不符者。

四、財務收支未取具合法之憑證、捐款未公開徵信或會計紀錄未完備者。

五、規避、妨礙或拒絕主管機關或目的事業主管機關輔導、檢查、監督者。

六、對各項工作業務報告申報不實者。

七、擴充、遷移、停業未依規定辦理者。

八、供給不衛生之餐飲，經衛生主管機關查明屬實者。

九、提供不安全之設施設備者。

十、發現兒童及少年受虐事實未向直轄市、縣（市）主管機關通報者。

十一、依第五十二條第一項須辦理財團法人登記而未登記者，其有對外募捐行為時。

十二、有其他重大情事，足以影響兒童及少年身心健康者。

依前二項規定令其停辦而拒不遵守者，處新臺幣六萬元以上三十萬元以下罰鍰。經處罰鍰，仍拒不停辦者，設立許可主管機關應廢止其設立許可。

兒童及少年福利機構停辦、停業、解散、撤銷許可或經廢止許可時，設立許可主管機關對於該機構收容之兒童及少年應即予適當之安置。兒童及少年福利機構應予配合；不予配合者，強制實施之，並處以新臺幣六萬元以上三十萬元以下罰鍰。

第六十七條　依本法應受處罰者，除依本法處罰外，其有犯罪嫌疑者，應移送司法機關處理。

第六十八條　依本法所處之罰鍰，經限期繳納，屆期仍不繳納者，依法移送強制執行。

第七章　附則

第六十九條　十八歲以上未滿二十歲之人，於緊急安置等保護措施，準用本法之規定。

第七十條　成年人教唆、幫助或利用兒童及少年犯罪或與之共同實施犯罪或故意對其犯罪者，加重其刑至二分之一。但各該罪就被害人係兒童及少年已定有特別處罰規定者，不在此限。
　　　　　對於兒童及少年犯罪者，主管機關得獨立告訴。

第七十一條　以詐欺或其他不正當方法領取本法相關補助或獎勵費用者，主管機關應撤銷原處分並以書面限期命其返還，屆期未返還者，依法移送強制執行；其涉及刑事責任者，移送司法機關辦理。

第七十二條　扶養義務人不依本法規定支付相關費用者，如為保護兒童及少年之必要，由主管機關於兒童及少年福利經費中先行支付。

第七十三條　本法修正施行前已許可立案之兒童福利機構及少年福利機構，於本法修正公布施行後，其設立要件與本法及所授權辦法規定不相符合者，應於中央主管機關公告指定之期限內改善；屆期未改善者，依本法規定處理。

第七十四條　本法施行細則，由中央主管機關定之。

第七十五條　本法自公布日施行。

特殊教育

教育叢書 2

作　　　者／黃志成、王麗美、高嘉慧

出 版 者／揚智文化事業股份有限公司

發 行 人／葉忠賢

總 編 輯／閻富萍

執行編輯／李鳳三

地　　　址／台北縣深坑鄉北深路三段 260 號 8 樓

電　　　話／(02)86626826

傳　　　真／(02)26647633

網　　　址／http://www.ycrc.com.tw

　E-mail ／service@ycrc.com.tw

印　　　刷／興旺彩色印刷製版有限公司

I S B N 　／978-957-818-866-2

初版一刷／2003 年 4 月

三版二刷／2009 年 9 月

定　　　價／400 元

國家圖書館出版品預行編目資料

特殊教育＝Educating exceptional children /
黃志成、王麗美、高嘉慧著.--三版.--臺
北縣深坑鄉：揚智文化，2008.03
　面；　公分

ISBN　978-957-818-866-2（平裝）

1.特殊教育

529.6　　　　　　　　　　　　97003226